小田急電鉄
昭和～平成の記録

解説 山田 亮

新松田を過ぎ足柄平野を小田原に向けて疾走するNSE「はこね」。新松田～栢山間4.4kmには駅がなかったが、地元開成町からの強い要望で1985年3月に開成駅が写真左側後方に開設された。写真右側に酒匂川の堤防があり二宮尊徳ゆかりの松林が見える。◎新松田～栢山　1982（昭和57）年12月　撮影：山田 進

.....Contents

川音川を渡り新松田に近づくデニ1300形２両の荷物電車。「配送」の表示がある。四十八瀬川は秦野市と松田町の境界付近で、川音川と名前が変わり酒匂川に合流する。背後は東名高速道路。旧形車デハ1300形、1400形（計４両）が1959～60年に車体更新され、1500㎜の広幅ドアになり（新）デハ1300形になった。更新後は荷電代用になることも多く、1969年にデニ1300形となった。1984年に4両とも廃車。◎渋沢～新松田　1981（昭和56）年１月３日　撮影：亀井秀夫

表紙カバー上
◎玉川学園前付近　1990（平成２）年３月25日　撮影：亀井秀夫

はじめに

　小田急は幸運な鉄道である。今から95年前の1927（昭和2）年、小田原急行鉄道として新宿〜小田原間が一挙に開通したが沿線の開発は進まず、人口希薄な農村地帯を走るため乗客は少なかった。だが新宿を起点としたことは幸いであった。1929年発表の歌謡曲「東京行進曲」（作詞西條八十、作曲中山晋平）は1節が銀座、2節が丸の内、3節が浅草と続き、4節で急速に発展する新宿を取り上げ「シネマ見ましょかお茶飲みましょか、いっそ小田急で逃げましょか」と歌いあげた。小田急の名はたちまち全国に広まった。

　次の幸運は箱根登山鉄道を系列化したことである。戦後の小田急電鉄発足時、井の頭線を京王に譲渡する代わりに箱根登山鉄道は同じグループに属することになった。これにより1950（昭和25）年から箱根湯本への直通運転が始まり、箱根への観光輸送は経営上の大きな柱になり「ロマンスカーの小田急」への道が開かれた。

　ロマンスカーは1957年登場の日本の鉄道史上に燦然と輝くSE車3000系を皮切りにNSE、LSE、HiSE、RSE、EXE、VSE、MSEと次々と名車を生み出し、最新のGSE70000系に続いている。そのほとんどが鉄道友の会「ブルーリボン賞」を受賞し人気のほどがうかがえる。

　もうひとつ忘れてはならないことがある。それは代々木上原〜登戸間の複々線化で、決定が1964年、最終的な完成が2018年で半世紀以上要して実現した。下北沢付近の地下化はパズルを解くような複雑さだ。11.7kmにおよぶ見事な方向別複々線を見る時、用地買収、地元との折衝、困難な工事に携わった人々の労苦を思わずにはいられない。本書で戦後の小田急の歩みを回想していただければ幸いである。

2022年11月　山田　亮

NSEオリジナル塗装で最後まで残ったNSE第7編成デハ3221の展望席。片瀬江ノ島〜藤沢間は最後部で後ろ向きだが藤沢で向きが変わり藤沢〜新宿間は3221が最前部（11号車）となる。レールファンがビデオカメラで展望席から撮影している。
◎片瀬江ノ島〜藤沢　1999（平成11）年7月10日
撮影：山田　亮

3100形NSE車の車内。座席はリクライニングシートではないがエンジ色で高級感がある。広幅貫通路が特徴。車番はデハ3224（NSE第7編成で新宿での上り方がデハ3221）で8号車。小田急では新宿発車時の下り方から順に1号車、2号車となる。筆者はNSEが定期運用から引退する1週間前に「えのしま」に乗車したが沿線にはカメラやビデオで撮影するファンが多かった。
◎1999（平成11）年7月10日　撮影：山田　亮

1章

カラーフィルムで記録された
小田急電鉄

御殿場で折り返すSSE車「あさぎり」は1991（平成3）年3月まで活躍した。
◎御殿場　撮影：山田虎雄

小田原線

新宿に到着したNSE「えのしま76号」先頭はデハ3221で1967年に製造されたNSE最終の第7編成。この編成がオリジナル塗装NSEでは最後まで運行され1999年7月改正時に引退した。現在はこの編成のうちの3両が海老名のロマンスカーミュージアムで保存。前面の列車名表示が自動巻取りになっている。
◎新宿
1999（平成11）年7月10日
撮影：山田 亮

当時として画期的な軽量高性能特急電車として1957年に登場した3000形。この形式から様々な機構が盛り込まれているが、特にオレンジバーミリオンにシルバーグレイのツートンカラーに白帯をあしらった外板塗色は画期的で、特にオレンジバーミリオンは小田急電鉄のシンボルカラーになり、現在まで使い続けられている。写真は新宿駅10番ホームで発車を待つ特急「明神」。
◎新宿
撮影：辻阪昭浩

キハ5000形（キハ5001）の御殿場行特別準急「芙蓉」号。小田急では箱根、富士五湖への入口である御殿場と新宿を結ぶ特別準急を1955年10月1日からキハ5000形で2往復運転開始。キハ5000はDMH17エンジンを2台装備した強力形。塗装は当時の特急や2200系と同じ黄色と青だったが1959年にクリーム色に赤帯になった。翌年キハ5100形を増備し、1959年7月から4往復になった。
◎梅ヶ丘～豪徳寺
1955（昭和30）年10月9日
撮影：荻原二郎

2100系デハ2103。2100系は1954年に登場、車体は軽量構造、台車は軸バネ式だが駆動方式は従来の釣り掛式で高性能車への過渡期の車両。2両固定編成（デハ＋クハ）が4本製造され、後に2編成併結の4両固定で使用された。1974年に廃車され、主電動機などは4000系（5両編成化用の増備車）に流用された。
◎経堂
1974（昭和49）年10月
撮影：荻原俊夫

2200系の各停向ヶ丘遊園行。先頭はデハ2206。桜の季節で「花の向ヶ丘遊園」の表示板を前面に取り付けている。2200系は1954年に全電動車方式、2両固定編成で登場した小田急初の高性能車。正面2枚窓が特徴で塗色も一般車では初の黄色と青（オレンジイエローとダークブルー）の旧小田急色となった。
◎経堂
1955（昭和30）年4月10日
撮影：荻原二郎

1900系は小田急形としては戦後初の新車で1949年に3両固定編成で登場し、通勤用3ドア・ロングシート車と特急用2ドア・クロスシート車があった。特急用クロスシート車（車端部はロングシート）は1910形（3両固定編成が2編成）で黄色と青の旧小田急色で登場し1950年に2000形と改番された。1951年、特急用1700系の登場で一般車になり塗装もチョコレート色になったが2ドア、クロスシートで残り、1956年に3ドア、ロングシートになった。
◎成城学園前〜祖師ヶ谷大蔵
1955（昭和30）年3月27日
撮影：荻原二郎

喜多見で複々線区間に入る
NSE「さがみ」。1997年6
月より喜多見〜和泉多摩川
間の高架複々線化が完成し
た。複々線区間は方向別で
内側線が急行線、外側線が緩
行（各停）線で関西の京阪電
鉄と同じで高速運転指向で
ある。画面後方が成城学園
前で複々線化工事中である。
◎喜多見
1999（平成11）年3月
撮影：山田 亮

NSEのうち第4編成（新宿
方3161、小田原方3171）
は小田急創立70周年を記
念して1997年8月、塗装
が変更され「ゆめ70」と
なり、先頭車は展望室部分
を除いてフリースペースと
なった。1999年7月改正
以降は団体列車、イベント
列車として運行され、2000
年4月にお別れ運転を行い
引退した。
◎和泉多摩川
1999（平成11）年3月
撮影：山田 亮

複々線区間の外側線（各停
線）を走る9000系6両の
各停向ヶ丘遊園行。先頭は
デハ9709。1972年に登
場した9000系は1978年3
月から地下鉄千代田線直通
に使用されたが、1990年
3月から地下鉄乗り入れ運
用は1000系になり、9000
系は地上線専用となり地下
鉄乗り入れ用の機器は撤去
された。正面のユニークな
デザインで人気があったが
2005〜6年にすべて廃車
された。
◎和泉多摩川
1999（平成11）年3月
撮影：山田 亮

地下鉄千代田線に直通する1000系10両の準急綾瀬行。最後部はクハ1456。1000系は地下鉄直通用として1988年に登場し、小田急初のVVVFインバーター制御、ステンレス車体で窓下に青帯が入っている。地下鉄千代田線直通は現在では4000系（2代目）にその任を譲り、常磐緩行線にも乗り入れる。
◎和泉多摩川
1999（平成11）年3月
撮影：山田 亮

相武台前を通過し丘陵地帯を徐々に下るSSE車による御殿場行連絡急行「あさぎり」。種別は連絡急行だったが小田急線内では特急として運転された。台地上の相武台前から相模原台地の「縁」を徐々に高度を下げ座間を過ぎて相模川流域の田園地帯海老名に向かう。
◎相武台前～座間
1985（昭和60）年8月
撮影：山田 亮

相武台前を通過し丘陵地帯を走るNSE「はこね」。屋根上にも冷房機が増設されている。NSE車登場時は重心を下げるため床下に冷暖房機を設置しヒートポンプ方式でダクトにより冷気、暖気を室内に送ったが、1977～78年に夏季の冷房能力向上のため屋根上に冷房機と冷気を送るダクトが設置された。画面左後方に相武台前駅が見える。
◎相武台前～座間
1985（昭和60）年8月
撮影：山田 亮

相武台前を通過するHiSE10000系ロマンスカー。相武台前には以前は工場があったため構内は広く電留線がある。
◎相武台前　撮影：山田虎雄

相武台前で上り各停を追い抜くNSE車「はこね」。相武台前は1927年４月１日に座間として開設。1937年６月１日に陸軍士官学校（陸士）の移転に伴い士官学校前と改称。1941年１月１日に相武台前と改称。陸軍士官学校が昭和天皇により「相武台」と命名されたことに由来する。1970年に橋上化、左の建物は1971年に完成した相武台駅ビルで１、２階が店舗、上層階がアパートである。
◎相武台前　撮影：山田虎雄

海老名駅相鉄ホームから見た小田急ホーム。背後に大山に連なる山々が見える。
◎海老名　撮影：山田虎雄

毎年11月から３月まで毎休日に運転された2600系の臨時急行「猪鍋号」。猪鍋号は1950年代に猪鍋を囲む日帰り旅の団体
列車として運転が始まり、後に冬の臨時電車として休日に新宿～伊勢原間で運転された。海老名は1973年12月にホームが
移転し、小田急は橋上駅になって相鉄と改札が分離され２面４線の待避駅になった。駅前の開発はまだ始まっていない。
◎海老名　1981（昭和56）年２月　撮影：山田 亮

2400系4両と2200系2両を連結した中形6両編成の急行小田原行。1982年7月から箱根登山線内に20m車6両編成が入線できるようなり、急行（箱根湯本、小田原発着）は相模大野以遠20m車6両編成となったが、急行の一部は2400系4両と2200、2220、2300、2320系2両と併結した中形6両で運転された。
◎開成〜栢山
1982（昭和57）年12月
撮影：山田 進

厚木を通過するSE車3000系。築堤で国鉄相模線を越え相模川を渡る。1963年のNSE車登場後もSE車は箱根特急として運行され終日30分間隔運転になったが、平日は空席が目立つ「空気輸送」で沿線からロマンスカーの途中駅停車を望む声が強くなった。手前の線路は小田急線と国鉄相模線の連絡線であり、写真左手に留置されているのは移動変動車。本線の電力が不足したときに応急的に電力を補っていた。
◎厚木
1964 (昭和39) 年11月3日
撮影：荻原二郎

相模平野を疾走するNSE「はこね」。このあたりの田園風景は現在でも大きく変化していない。展望席には家族連れが乗っている。
◎伊勢原～鶴巻温泉
1981（昭和56）年2月
撮影：山田 亮

新松田を通過し足柄平野を疾走する9000系6両の急行小田原行。新松田～小田原間は直線区間が続き特急、急行は100km/h以上の高速運転が楽しめる。この区間は駅間距離が長かったが1985年3月に写真左後方に開成駅が開設された。
◎新松田～栢山
1982（昭和57）年12月
撮影：山田 進

行楽客でにぎわう週末の小田原駅。画面右側にはEXE30000系の上りロマンスカーが停車している。小田原駅改良工事は2003年に完成し橋上駅となり、JRと小田急に改札が分離された。
◎小田原
2000（平成12）年11月
撮影：山田 亮

雪が残る秦野を発車する
5200系の急行小田原行。
秦野は2面4線で待避線が
ある。
◎秦野
撮影：山田虎雄

5000系6両編成の急行箱
根湯本行。1998年8月か
ら急行の新宿〜小田原間
10両運転を開始し、すべて
の急行停車駅でホームが延
伸され10両編成が停車可
能になった。
◎渋沢〜新松田
1998（平成10）月7月
撮影：山田 亮

8000系6両編成の急行箱
根湯本行。側面は5000系
6両編成（5200系）と同じ
で1枚下降窓だが、前面は
いわゆる小田急顔でななく
ブラックフェイスで異彩を
放っていた。
◎渋沢〜新松田
1998（平成10）月7月
撮影：山田 亮

RSE20000系の「あさぎり5号」（新宿13：40〜沼津15：49）。RSEはResort Super Expressの略で御殿場周辺のゴルフ場、沼津から西伊豆のリゾート地にちなんでいる。1991年3月16日改正時から従来のSSE車に代わりJR371系とともに「あさぎり」に投入された。20000系は20m車の7両編成で中間の2両は小田急初の2階建て（ダブルデッカー）構造でスーパーシート、コンパートメントが設置された。
◎渋沢〜新松田
1998（平成10）月7月
撮影：山田 亮

LSE7000系「さがみ」。この編成は東海道本線で試運転を行ったLSE第2編成で先頭はデハ7802。LSEは1995〜98年に順次車体更新（リニューアル）が行われHiSE10000系と同様のパールホワイトとワインレッドに改められた。これでSE車以来のバーミリオン、グレイを基調に白線の入った「小田急ロマンスカー」色は姿を消し、それを惜しむ声も聞かれた。
◎渋沢〜新松田
1998（平成10）月7月
撮影：山田 亮

HiSE10000系の「はこね」。HiSE10000系は小田急開業60周年を機に1987年12月に登場。ハイデッカー構造で塗色はパールホワイトを基調にワインレッドの濃淡2色を配した。1989年までに4編成が登場。その後、バリアフリー化は社会的な要請になりハイデッカー構造はその障壁であるため、2005年に2編成が廃車になり（一部が長野電鉄に譲渡）2012年までに全車が廃車された。
◎渋沢〜新松田
1998（平成10）月7月
撮影：山田 亮

EXE30000系の「スーパーはこね」。1996年3月23日改正時からEXE30000系が営業を開始したが、同時に新宿〜小田原間ノンストップの「はこね」を「スーパーはこね」に改称した。EXE30000系のブラウン系統の塗色は太陽光線に照らされると明るく輝き、赤のワンポイントが全体を引き締める。
◎渋沢〜新松田
1998（平成10）月7月
撮影：山田 亮

5000系6両編成の急行新宿行。5000系6両固定編成は急行、準急10両編成を増やすために1978年に登場し、5200系とも呼ばれたが5000系の一部である。（小田急では正式には5000系ではなく5000形とされている）いわゆる小田急顔の決定版として人気があったが、2006年から廃車が始まり2011年までに全車が廃車された。
◎栢山〜開成
1986（昭和61）年6月
撮影：山田 亮

「ゾロ目」クハ5555を先頭にした5000系6両編成の急行箱根湯本行。1982年7月ダイヤ改正から新宿〜箱根湯本間「箱根急行」に大型（20m車）6両編成が投入され、それまでの2400系4両の小田急線内での慢性的な混雑が解消された。1978年に登場した5000系6両固定編成は下降式1枚窓が特徴で5200系とも呼ばれているが、正式には5000系である。（小田急では車両の系列は〜系ではなく〜形とされる）
◎開成〜栢山
1986（昭和61）年6月
撮影：山田 亮

8000系6両編成の急行小田原行。8000系は省エネルギーのため界磁チョッパ制御（5000系までは抵抗制御）として1982年に登場。側面は5000系6両固定編成（5200系）とほぼ同じだが前面は従来の「小田急顔」から脱し貫通ドア付きのスケルトンタイプとなりブラックフェイスとなった。一般車が3000、4000、5000系（いずれも2代目）中心となった現在でもアイボリーホワイトにロイヤルブルー帯の「小田急色」で活躍している。
◎開成〜栢山
1986（昭和61）年6月
撮影：山田 亮

9000系6両編成の急行小田原行。先頭はデハ9703。9000系は1972年に地下鉄千代田線直通用として登場し、地下鉄直通のほか急行から各停まで使用され、1982年7月以降は箱根湯本へも乗り入れた。9000系の前面はいわゆる小田急顔ではなく、極めてインパクトの強い独特の形状で人気があった。2006年までに全車が廃車された。
◎開成〜栢山
1986（昭和61）年6月
撮影：山田 亮

1000系ワイドドア車6両編成の急行小田原行。先頭はクハ1952。1000系ワイドドア車は乗降時間の短縮を目的に1990〜91年に登場し1500系とも呼ばれる。2m幅のワイドドア（運転台直後は1.5m幅）が特徴。各停専用ではなく急行に入ることもあって座席数の減少が問題になり、1997年からドア幅を1.6mにして座席数を増やす改造が行われた。
◎開成〜栢山
1999（平成11）年7月
撮影：山田 亮

SSE車の「あしがら」。1986年時点では「あしがら」は町田停車、「さがみ」が向ヶ丘遊園、本厚木、新松田に停車した。SSE車は「あさぎり」のほか「あしがら」「さがみ」「えのしま」に使用され「はこね」代走に使用されたこともあった。後方に前年1985年開設の開成駅が見える。画面右側には酒匂川沿いに植えられた二宮尊徳ゆかりの松林が見える。
◎開成〜栢山
1986（昭和61）年6月
撮影：山田 亮

足柄平野を疾走するNSE「はこね」。屋根上に冷房機とダクトが増設されている。LSE登場後もNSEはLSEと共通運用で活躍した。
◎開成〜栢山
1986（昭和61）年6月
撮影：山田 亮

引退間近のNSEオリジナル塗色編成（新宿方デハ3221、小田原方デハ3231）の「さがみ」。「ラストラン3100型」のステッカーが運転台の下に貼られている。
◎開成〜栢山
1999（平成11）年7月
撮影：山田 亮

LSE7000系の「さがみ」。
LSEは1980〜83年に4編
成が製造され、NSEと共通
運用で活躍した。屋根上に
冷房機（ユニットクーラー）
が取付けられクーラーカ
バーが連続している。
◎開成〜栢山
1986（昭和61）年6月
撮影：山田 亮

LSE7000系の「はこね」。LSE
7000系はNSEの改良型でLSE
はLuxury Super Expressの略
称。前面展望席の窓が大きく
なった。1980年12月に第一編
成が登場し1983年までに毎年
1編成づつ合計4編成が登場し
た。LSEは最後に残った第4編
成（7004先頭）が2018年に引
退した。
◎開成〜栢山
1986（昭和61）年6月
撮影：山田 亮

EXE30000系の「はこね」
と9000系各停（新松田〜
小田原折返し）のすれ違い。
30000系は「エクセ」（EXE、
Excellent Express）と呼ばれ
1996年に登場した。塗色は
ハーモニック・パープルブロン
ズで光線状態で色調が微妙
に変化し、さらにアッパーレッ
ドがワンポイントとして入り
全体を引き締めている。窓は
連続窓構造で窓回りは黒であ
る。観光輸送から沿線輸送、
通勤輸送まで幅広い用途の
汎用型特急車で展望室がなく
なり、6両編成と4両編成を
連結した10両編成で運行さ
れる。
◎開成〜栢山
1999（平成11）年7月
撮影：山田 亮

箱根登山鉄道

2ドア、一部クロスシートの2320系4両編成の急行新宿行。手前は東海道本線。2320系は1959年に2ドア、一部クロスシート、4両固定編成で2編成が登場し中間車には便所がある。準特急や昼間の新宿～箱根湯本間急行などに使用されたが1963年の準特急廃止に伴い3ドア、ロングシート化され2両固定編成となった。登場時にファンの間では箱根急行の標準形になると期待されたが実現しなかった。
◎小田原～箱根板橋　1959（昭和34）年4月10日　撮影：荻原二郎

箱根登山鉄道入生田で交換するNSE「あしのこ」とSE「あしがら」。小田原～箱根湯本間は1435mmと1067mmの3線軌道区間で複雑なポイント構造が見える。
◎入生田　1965（昭和40）年11月14日　撮影：荻原二郎

入生田通過のHiSE10000系箱根湯本行。線路は1435mmと1067mmの3線軌道になっている。
◎入生田　撮影：山田虎雄

1982年12月10日から15日まで大船〜熱海間で行わた小田急LSE車を使用した国鉄東海道本線での試運転。LSE第2編成が使用され下り方先頭はデハ7802。試運転は6日間にわたり昼間に行われ、土日を挟んでいたため沿線は多くのファンでにぎわった。◎根府川〜早川　1982（昭和57）年12月　撮影：山田 進

箱根湯本駅を発車する3100形NSE車。小田急初の展望車付きの車両は大変話題になった。また11両編成ではあるが、1両1両の車体長は短いため実質的には20m車7両分程度となっている。これはその後の7000形LSE、10000形HiSEまで踏襲された。この車両の登場により新宿〜小田原間の特急は30分ヘッド運転を実現し、ロマンスカーの主力として長らく活躍した。
◎箱根湯本
撮影：辻阪昭浩

1000系ワイドドア車（1500系）6両編成も箱根湯本行急行に使用された。箱根湯本到着前に前面行先表示を自動的に変える途中のため、行先表示は秦野になっている。
◎入生田〜箱根湯本
2000（平成12）年11月
撮影：山田 亮

急勾配（最急勾配40‰）を上り終点箱根湯本に近づくHiSE10000系の「はこね」。周辺の樹木は秋の陽をあびて色づき始めている。写真右側は箱根駅伝でおなじみの国道1号。この付近で畑宿経由の旧道（県道732号、湯本元箱根線）が分岐している。
◎入生田〜箱根湯本
2000（平成12）年11月
撮影：山田 亮

秋の強い日射しを受け箱根湯本に近づくEXE30000系「はこね」。周辺の樹木は色づき始めている。
◎入生田〜箱根湯本
2000（平成12）年11月
撮影：山田 亮

EXE30000系の上り「はこね」。EXE30000系は10両編成で新宿を出発するが、小田原で後ろ4両を切り離し前6両が箱根湯本へ直通する。箱根登山線内の上り方はクハ30250形で貫通路のある独特の形状である。小田原ー箱根湯本間は1435㎜と1067㎜が共用する3線区間だったが、2006年3月から小田原～箱根湯本間の列車はすべて小田急車での運行となり、小田原～入生田間の1435㎜レールは撤去された。
◎入生田　2000（平成12）年11月　撮影：山田 亮

箱根登山鉄道旧型車3両編成の小田原行。最後部はモハ2形109号で1927年製造、1955年に車体が更新され一部がクロスシートになった。その後観光客が増え、連休時や観光シーズンの週末には2両では乗り切れない事態が発生したため1993年7月から小田原～強羅間で3両編成での運転が始まった。
◎入生田～箱根湯本　2000（平成12）年11月　撮影：山田 亮

江ノ島線

冬の陽を浴びて江ノ島線を走るSSE車の「えのしま」。「えのしま」はSSE車が中心だったが、朝夕はNSE車の運用もあった。
◎鶴間〜大和　1981（昭和56）年2月　撮影：山田 亮

LSE7000系第4編成（7804先頭）の江ノ島線下り特急「ホームウエイ」。LSEは1995〜97年に車体更新（リニューアル）が
実施されHiSE（10000系）とよく似た塗装になった。1999年7月17日改正時から夕方18時以降に発車する下り特急は「ホー
ムウエイ」と改称された。
◎大和　2001（平成13）年5月　撮影：山田 亮

2400系4両編成の江ノ島線急行片瀬江ノ島行。新宿を発車した箱根湯本・江ノ島行急行は相模大野で後ろ4両を分割し江ノ島線へ直通した。1970年代に入ると中形車4両では相模大野以遠が混雑し、大型車への置き換えが望まれていた。
◎大和〜桜ヶ丘　1981（昭和56）年2月　撮影：山田 亮

江ノ島線を行く9000系4両の各停片瀬江ノ島行。先頭はデハ9303。9000系は1978年3月の地下鉄千代田線との直通運転開始後も直通電車が少なく、小田急線内の運用も多く急行から各停まで使用された。
◎大和〜桜ヶ丘　1981（昭和56）年2月　撮影：山田 亮

定期運用から引退する直前のオリジナル塗装NSE3100系「えのしま76号」（片瀬江ノ島12：45〜新宿13：55）、先頭はデハ3231でこの編成は1967年製造の第7編成。左側には9000系（先頭はデハ9703）各停町田行が停車中。片瀬江ノ島駅は2面3線で夏の海水浴客輸送のためホーム幅が広い。ホーム全体を覆うドーム状の屋根がある。
◎片瀬江ノ島　1999（平成11）年7月10日　撮影：山田 亮

NSEオリジナル塗装として最後まで残ったデハ3231に貼られた富士山とNSE車を描いた「ラストラン3100形」のステッカー。◎片瀬江ノ島　1999（平成11）年7月10日　撮影：山田 亮

多摩線

多摩線を走る2600系のリバイバルカラー塗色の編成。1964年に登場した2600系も2000年から廃車が始まり、最後の1編成（クハ2670先頭）が2003年10月に登場時のオレンジイエローとダークブルーの塗装になり、2004年5月まで多摩線を中心に運行され、2004年6月のさよならイベントで引退し廃車された。
◎栗平
2004（平成16）年5月
撮影：山田 亮

地下鉄千代田線から小田急多摩線に乗入れていた営団地下鉄（現・東京メトロ）6000系の多摩急行。先頭は6120。営団地下鉄6000系は1971年に登場し、非対称のユニークな正面スタイルで人気があった。2000年から廃車が始まり16000系に徐々に置き換えられ、2018年10月に営業運転を終了した。
◎黒川〜小田急永山
2004（平成16）年5月
撮影：山田 亮

沿線の開発がまだ進んでいない多摩線を行く1900系4両編成。1966年の東急田園都市線開通時に東急3450系などが2〜4両で走ったことをを思いださせた。多摩線の1900系は1974年10月から閑散時は1900系の2両となり、1976年春に2200系などに置き換えられた。1979年から多摩線は2400系など中形車の4両になった。
◎栗平
1974（昭和49）年7月20日
撮影：荻原俊夫

多摩線で新百合ヶ丘〜唐木田間の線内運用についていた2600系リバイバルカラー編成。右側は5000系6両編成。
◎黒川
2004（平成16）年5月
撮影：山田 亮

多摩線は1974年6月1日、新百合ヶ丘〜小田急永山間開通。開通当初の多摩線は朝の上り2本が新宿直通（2600系6両編成）のほかは線内折返しで1900系など中形車が4両で運転されたが、乗客は少なく同年10月からは閑散時は1900系2両で運転され、1976年に2200系などの中形車に交代した。写真当時、沿線の開発はまだ進んでいない。
◎黒川
1974（昭和49）年6月15日
撮影：荻原俊夫

リバイバルカラー2600系の唐木田行。オレンジイエローとダークブルーの旧塗装は1954年登場の2200系から採用され、後に一般車（旧形車1200、1400形などを除く）に広がり、1969〜70年に新塗装への塗り替えで消滅した。リバイバルカラーは1950、60年代の塗装より「濃い」との声も当時を知るファンからあがった。
◎黒川
2004（平成16）年5月30日
撮影：荻原俊夫

日本初の回生ブレーキを常用する本格的なサイリスタチョッパ制御車として1968年に登場した6000系は1972年にはローレル賞を受賞している。現在は引退し16000系に置き換えられた。写真左側には緑色のラッピングを施した京王相模原線の8000系が見える。◎小田急永山～はるひ野　2017（平成29）年頃　所蔵：フォト・パブリッシング

はるひ野を通過する営団地下鉄（現・東京メトロ）06系の多摩急行我孫子行。06系は1編成10両だけ製造され1993年から地下鉄千代田線系統で運転開始したが2015年に廃車された。多摩急行は2002年3月改正で設定された地下鉄千代田線から多摩線への直通列車で2018年3月改正時に廃止された。はるひ野駅は2004年12月11日に開設。
◎はるひ野
2014（平成26）年6月2日
所蔵：フォト・パブリッシング

多摩線を走る2600系のリバイバルカラー塗色の編成。2600系も最後の1編成（下り方はクハ2870先頭）が小田急の旧塗装であるオレンジイエローとダークブルーの塗装になり、2004年5月まで多摩線を中心に運行され、沿線には多くのファンが集まった。2600系は2004年6月のさよならイベントを最後に廃車された。
◎小田急多摩センター
2004（平成16）年5月30日
撮影：荻原俊夫

御殿場線

JR東海371系の下り「あさぎり3号」（新宿10：15 ～沼津12：18）。1991年3月16日改正時から「あさぎり」はJR東海371系と小田急RSE20000系に置き換えられ沼津まで延長された。371系と20000系は2往復づつ担当したが、JR371系は1編成だけのため、検査時には小田急20000系が代走した。JR371系は2012年3月17日改正時から「あさぎり」運用がなくなり、その後は臨時列車として2014年11月まで運行された。
◎御殿場～足柄　2012（平成24）年2月　撮影：山田 亮

御殿場線を行くRSE20000系の「あさぎり4号」（沼津10：30 ～新宿12：30）。線路左側の空き地はかつて御殿場線が複線だった頃の線路跡。御殿場線乗入れ「あさぎり」は1991年3月16日改正時からRSE20000系およびJR東海371系となり新宿～沼津間の運転になった。「あさぎり」は2012年3月17日改正時からMSE60000系だけで運行され、運転区間は新宿－御殿場間になった。RSE20000系は2012 ～13年に2編成とも廃車。一部が富士急行（現・富士山麓電気鉄道）に譲渡。
◎御殿場～足柄　2012（平成24）年2月　撮影：山田 亮

松田からJR御殿場線に乗り入れ御殿場に到着するSSE「あさぎり5号」（新宿13：40 ～御殿場15：20）御殿場駅は標高455mで山北、裾野から25‰の急勾配で頂点の御殿場に達する。1934年の丹那トンネル開通以前は御殿場線が東海道本線で、特急、急行列車は御殿場駅構内で補機（後押し）の蒸気機関車を走行中に切り離した。
◎御殿場　1990（平成2）年10月　撮影：山田 亮

御殿場駅2番線に到着した「あさぎり5号」。「あさぎり6号」（御殿場16：41 ～新宿18：34）として折り返した。車体側面に「新宿～御殿場」の行先表示（通称、横サボ）がある。「あさぎり」は御殿場周辺のゴルフ場への乗客が多く「ゴルフ列車」ともいわれた。
◎御殿場　1990（平成2）年10月　撮影：山田 亮

御殿場でのSSE車「あさぎり」とJR東海115系の並び。御殿場線115系は1979年10月にそれまでの通勤形72系に代わって投入されたが、2007年春に211系、313系に置き換えられた。
◎御殿場
撮影：山田虎雄

2章
モノクロフィルムで記録された
小田急電鉄

新宿駅9番ホームにて発車を待つ1700形急行箱根湯本行き。右隣の線路は国鉄の中央電車線で当時の新宿駅は国鉄の中央急行線ホームを1番線として4面8線あった国鉄新宿駅のホームから連番で番線が振られており、小田急は櫛状頭端式4面4線であったが乗車ホームだけ番号が振られ9～12番ホームだった。またこのまま京王線にも続いておりこちらは13～16番線となっている。
◎新宿　1958（昭和33）年12月　撮影：辻阪昭浩

小田急電鉄の歴史

1923年の会社創立、1927年の新宿－小田原間開通から100年にならんとする小田急の歴史は複雑多岐にわたり膨大な量になる。一方ではロマンスカーの小田急ともいわれ、小田急の歴史はロマンスカーの歴史と言っても過言ではない。そこで紙幅の関係もあって、特急ロマンスカーを中心に創立時、大東急時代、地下鉄乗り入れ、複々線化などについて簡潔に記述することとしたい。なお本書では車両の系列を原則として「〜系」で統一したが小田急社内では「〜形」が正式であることを付記したい。

創設者　利光鶴松

大手私鉄の創設者や発展に尽力した人物といえば、阪急の小林一三、東急の五島慶太、西武の堤康次郎、近鉄の種田（おいた）虎雄などの名があがる。小田急では利光（としみつ）鶴松（つるまつ）（1863〜1945）の名を忘れてはならない。利光は大分県出身、明治法律学校（現、明治大学）を卒業し弁護士となって自由民権運動に身を投じ、東京市会議員さらに衆議院議員となるが、政争に巻き込まれて政界を去った。

一方では東京市街鉄道（東京の民営路面電車、1911年に公営化されて東京市電となる）の経営に参画し、1910年には電力会社である鬼怒川水力電気の経営にも参画した。この鬼怒川水力電気が後の小田急の母体である。当時、各地に電力会社が設立され工場、一般家庭へ電気を供給する事業を始めていたが、「電気鉄道」は安定した大口需要者であった。

鬼怒川水力電気は東京市電を経営する東京市電気局（東京都交通局の前身）に電気を供給していた。利光は電力需要をさらに増やすため東京市内の地下鉄建設に乗り出し、1919年に「東京高速鉄道」（新宿－日比谷－万世橋－大塚間、1938年に開通した地下鉄銀座線の前身である東京高速鉄道とは無関係）の免許を申請し、翌年免許を得たが資金難で着工できなかった。1920年8月、利光は「東京高速鉄道」を小田原まで延長する名目で新宿－小田原間に電気鉄道を計画し1922年に免許を取得し、1923年5月（関東大震災の4か月前）に小田原急行鉄道を設立した。これが今日の小田急である。新宿を起点とし、武蔵野を一直線で貫き多摩川を渡り多摩丘陵を横断し、相模川を渡り相模平野を大山街道（現、国道246号）沿いに西へ進み、酒匂川を渡り足柄平野を南下し箱根の入口小田原に達する壮大な計画であった。その先の箱根が最終目的であったことは言うまでもない。

小田原急行鉄道の開通

小田原急行鉄道の建設は関東大震災の影響で大幅に遅れ、1925年9月に全線で工事が始まり1年半で工事は完了し、1927年4月1日、新宿－小田原間

82.8kmが一挙に開通し、一部単線であったが同年10月には全線が複線となり、同時に急行運転が始まり1時間45分で結んだ。江ノ島線は1928年4月に着工され、翌1929年4月1日、相模大野（当時は信号場）－片瀬江ノ島間27.4kmが全線複線で開通した。名勝江ノ島への行楽客輸送が目的である。全線100kmを越える小田急の開通は同年10月に東武鉄道が杉戸（現、東武動物公園）－東武日光間94.5kmを一挙に開通させたこととならぶ関東私鉄界の快挙だった。

帝都電鉄と合併

現在の京王電鉄井の頭線は帝都電鉄として1933年8月に渋谷－井の頭公園間が開通し、翌1934年4月に吉祥寺まで全線開通し小田急とは下北沢で交差した。軌間は1067mmである。この帝都電鉄は小田急と同じく利光鶴松を社長とする鬼怒川水力電気の系列会社で、利光は1928年に東京山手急行電鉄を創立し大井町を起点に世田谷、滝野川を経由して洲崎（江東区東陽付近）を結ぶ「第二山手線」を計画していた。その東京山手急行電鉄が渋谷－吉祥寺間の免許を取得していた渋谷急行電気鉄道を合併し帝都電鉄となった。

帝都電鉄は経営難で1940年5月、小田原急行鉄道に合併され、小田原急行鉄道帝都線となった。一方、小田急の親会社たる鬼怒川水力電気は電力国家管理（1938年）で施設、配電権を国策会社「日本発送電」に出資し電力会社としての実態がなくなった。それを背景に1941年3月1日、鬼怒川水力電気と小田原急行鉄道は合併し小田急電鉄となった。

東京急行電鉄「大東急」への合併

日中戦争を契機に準戦時体制に入り1938年に「陸上交通事業調整法」が成立し、大都市周辺の交通機関の過度な競争を防止し、健全な発展を図るとの名目で整理統合が促進された。東急グループの総帥五島慶太（1882〜1959）はこれを背景にして東京南西部の私鉄一元化を進めた。日米開戦の翌年1942年5月1日、東京横浜電鉄は小田急電鉄、京浜電気鉄道と合併し東京急行電鉄となった。いわゆる「大東急」の成立である。1944年5月31日には京王電気軌道も合併した。戦時中、敗戦直後の資材難、食糧難、輸送難の時代を巨大組織「大東急」で乗り切ったことは確かである。

小田急電鉄として再出発

戦後になり経済力集中排除法により財閥解体が行われた。その影響で「大東急」を解体し、元の姿に戻す動きが各方面から湧きおこった。1948年6月1日、「大東急」は解体され小田急電鉄として再出発した。その際、井の頭線は旧京王電気軌道の経営基

盤が京王線だけでは弱いという理由で、小田急から切り離され京王帝都電鉄井の頭線となった。同社京王線と井の頭線で軌間が異なる理由はそこにある。

大東急から分離した小田急電鉄は新宿-小田原間直通旅客の誘致に力を入れた。1948年10月から1600系による週末特急が登場し、翌1949年7月から1900系ロングシート車により新宿-小田原間90分となり、8月には1900系1910形2ドア、クロスシート車が登場した。1910形は3両編成で中間車には喫茶カウンターが設けられ「走る喫茶室」が始まった。この特急は同年10月から1往復が毎日運転になった。

箱根湯本への直通運転

小田急の箱根登山鉄道乗り入れ交渉は開通後間もない時期に行われたが不調だった。箱根登山鉄道の親会社「日本電力」が鬼怒川水力電気とはライバル関係であったことが理由とされる。ところが、「大東急」時代の1942年に東京急行電鉄が箱根登山鉄道の経営権を握り、1948年の大東急解体、小田急電鉄発足時に井の頭線を京王に移管する代わりに箱根登山鉄道および神奈川中央乗合自動車（現、神奈川中央交通）をグループ会社とした。これにより小田急の箱根登山鉄道乗り入れは急進展した。小田原-箱根湯本間6.1kmは1435mmと1067mmの3線軌道となり、同時に1500Vに昇圧して1950年8月1日から特急、急行による新宿-箱根湯本間直通運転が始まった。

御殿場への直通運転

高原に位置する御殿場は箱根の北の入り口で、山中湖など富士五湖への入り口でもある。小田急では御殿場に注目し、松田付近に小田急、国鉄の連絡線を建設し、1955年10月1日からDMH17形エンジンを2台搭載したキハ5000形気動車で新宿-御殿場間直通運転が開始された。当初は1日2往復で最短1時間40分、途中停車駅は松田だけで小田急線内はノンストップで特別準急と称した。翌1956年にキハ5100形が増備され、1959年7月から4往復になった。

SE3000系の登場

小田急では箱根特急用として1951年に1700系、1955年に高性能車2300系が登場したが、1957年に日本の鉄道史上に輝くSE車3000系が登場した。SEはSuper Expressの略である。新宿-小田原間60分を目標に国鉄鉄道技術研究所の指導の下に設計され、張殻構造の軽量車体、低重心構造で前面は流線形、車体は連接車で8車体9台車である。喫茶カウンターも2ヶ所設けられたが冷房はなくファンデリアによる送風だった。1957年7月に運転開始

され、同年9月下旬、国鉄電車特急設計の資料を得るため東海道本線で高速度試験を行い、9月27日にSE車第2編成（3011～18）が函南-沼津間で当時の狭軌世界最高記録145km/hを記録した。このSE車は1959年までに4編成が登場した。

NSE3100系の登場

SE車による箱根特急は好評で週末の特急券は入手難であった。そこで特急を増発することになり、NSE車3100系が1963年3月に運転開始され、1967年までに7編成が登場した。NSEはNew Super Expressの略である。SE車と同じく連接車体で11車体12台車である。特徴は先頭車の展望室で運転台が2階になり、車内設備は大幅に向上した。喫茶カウンターも2ヶ所あり、冷暖房は床下に集中型ヒートポンプを設け、低重心化を図っている。塗色はSE車と同様のオレンジバーミリオンを基調にグレーと白帯を配した「小田急ロマンスカー色」である。NSE車の登場で箱根特急は終日30分間隔となったが、平日は空席が目立ち沿線から途中停車を望む声が強くなった。

SSE車、御殿場線へ乗り入れ

SE車の登場時は冷房がなく、1962年に座席数を減らして床置形クーラーを設け冷房化された。登場後約10年を経た1968年、車体更新工事の際に従来の8両編成4本が5両編成6本となり、車内設備がNSE車と同様になり冷房も床置形から屋根上分散形になり、喫茶カウンターは1ヶ所になった。同時に御殿場線急勾配のため歯車比変更も行われた。1968年7月1日、国鉄御殿場線電化により従来の気動車「特別準急」がSSE車「あさぎり」となった。小田急線内では連絡急行と称したが特急と同じ扱いだった。

多摩線の開通

東京都西部の多摩丘陵地帯北部は鉄道から離れ開発の手が及んでいなかった。その地域を多摩ニュータウンとして開発されることになり、1966年から東京都、日本住宅公団（現、UR都市機構）、東京都住宅供給公社による用地買収が始まった。想定人口は約30万人のため鉄道建設が必要となり、小田急と京王が多摩ニュータウンまで新線を建設することになったがなかなか進まず、1971年に入居が始まっても京王線聖蹟桜ヶ丘からバス連絡で「陸の孤島」と言われた。小田急では1974年6月1日、多摩線新百合ヶ丘-小田急永山間が開通し、同時に百合ヶ丘-柿生間の線路を付け替えて新百合ヶ丘駅が開設された。翌1975年4月23日には小田急多摩センターまで開通し、1990年3月27日に唐木田まで開通している。

一方、京王帝都電鉄では1974年10月18日に相模原線京王よみうりランド－京王多摩センター間が開通し、1988年5月21日に南大沢まで、1990年3月20日に橋本まで開通している。

地下鉄千代田線との直通運転

1964年、都市交通審議会によって喜多見－原宿－日比谷－日暮里－松戸間が地下鉄9号線として決定され、小田急が喜多見－代々木上原間を複々線化、帝都高速度交通営団(当時)が代々木上原－綾瀬間を建設、綾瀬以東は国鉄常磐線を複々線化して小田急－営団地下鉄(現、東京地下鉄)－常磐線間で直通運転を行うことが決定された。地下鉄千代田線側は1972年10月に代々木公園まで開通していたが、小田急側の工事は代々木上原駅を移転、高架化するため大幅に遅れ、1978年3月31日、地下鉄千代田線との直通運転が開始され、同時に代々木上原－東北沢間が高架複々線となった。この時点では直通運転は平日の朝夕に限られ、乗入れ区間は本厚木までだった。

LSE7000系の登場

1980年12月、NSE車の改良型ともいうべきLSE7000系が運転開始した。LSEはLuxury Super Expressの略で1983年までに4編成が登場、NSE車と同じ11車体12台車の連接車で塗色もNSE車と同じであるが、前面展望室が広がり、前面窓がより鋭角的になった。座席はリクライニングシートになり、冷房機は屋上分散型になった。1982年12月には第2編成(7002～7802)が国鉄東海道本線で連接車の特性調査のための試運転を行っている。1995～97年にリニューアルが行われHiSE車と同じワインレッドと白(パールホワイト)に変更したが、2007年7月に第4編成が「SE車誕生50周年」を記念して登場時の塗装に戻り、続いて2012年2月には第3編成も登場時の塗装に戻った。

HiSE10000系の登場

HiSE10000系は小田急開通70周年を記念して1987年12月に運転開始、1989年までに4編成が登場した。折からの好景気を反映した乗客の高級志向に合わせ「High Level」な車内設備をめざした。HiSEはHigh Super Expressの略で11車体12台車の連接車。展望室を除いてハイデッカー構造とし床面が高い。塗装は白(パールホワイト)を基調にワインレッドの濃淡とした。2000年代に入り、バリアフリー化は社会的要請になったが、ハイデッカー構造のため対応が困難でリニューアル工事は行われず2005年から廃車が始まり、2005年廃車の2編成は4両に短縮され長野電鉄に譲渡された。最後の1編成も2012年3月が最終運行になった。

RSE20000系の登場と「あさぎり」沼津延長

RSE20000系は御殿場線乗入れに対応し、連接構造ではなく20m車で中間車をハイデッカー構造(サハ20150形、サハ20250形は2階建てダブルデッカー)とした。1991年3月16日改正時にJR東海371系とともに「あさぎり」として運転開始し、御殿場線沼津まで延長され、RSEとJR371系が2往復ずつ分担した。RSEは御殿場、西伊豆のリゾート地を目指すことからResort Super Expressの略である。4M3T編成で中間車のうちサハ2両が2階建てダブルデッカー構造で2階席はスーパーシート、1階席はサハ20150が4人用セミコンパートメント(普通席)、サハ20250が1人掛と2人掛の普通席となっている。RSE20000系は2編成登場し「あさぎり」のほか「はこね」にも使用された。10000系と同様にバリアフリー対応が困難なことから2012年3月16日限りでRSE20000系はJR371系とともに「あさぎり」から引退し、翌3月17日から「あさぎり」はMSE60000系での運行になり、乗入れ区間も御殿場までになった。RSE第2編成のうち3両は富士急行(現、富士山麓電気鉄道)に譲渡されている。2018年3月18日改正時より「あさぎり」は「ふじさん」と改称された。

EXE30000系の登場

EXE30000系は観光輸送だけでなく沿線の都市間輸送、朝夕の通勤輸送にも対応した汎用型特急車として1996年3月に運転開始され99年までに70両が登場した。1996年から廃車の始まったNSE3100系の代替でもあった。EXEはExcellent Expressの略。前面展望室はなく、連接車ではない20m車10両編成で6両と4両に分割でき、箱根湯本へは前6両が直通する。6両編成だけの運用もある。塗色はハーモニック・パープルブロンズで光線状態によって色調が微妙に変化し、さらにアッパーレッドがワンポイントとして入り全体を引き締めている。窓は連続窓構造で窓回りは黒である。2016年からリニューアルがはじまりEXEαとなり、塗色もシルバーとディープグレイを主体に赤と白線が入った。

VSE50000系の登場

VSE50000系は2005年3月に運転開始され2編成20両が登場した。NSE車以来の前面展望室が復活し、連接構造で10車体11台車である。「普通の特急車」EXEが増えるにつれ、小田急ロマンスカーのイメージが変質し、看板の「箱根特急」の利用が減りつつあることへの危機感から伝統の前面展望を強く押し出し「箱根特急」に再びスポットライトをあてるためであった。VSEは高いドーム型の天井で

あることからVault Super Expressの略でVaultは
ドーム、天井、空間などを意味する。塗色は白シルキー
ホワイトでロマンスカー伝統のオレンジバーミリオ
ンの細い帯が入り、騒音軽減のため床下にカバーが
連続して取り付けられている。

2022年3月11日限りで定期運用から引退し、そ
れ以降はイベント列車で2023年秋まで運行すると
発表された。その理由として特殊構造のため補修、
部品調達の困難が挙げられているが、コロナ禍によ
る経営状況の変化で、特殊構造に対応する保守整備
のための技術、設備の維持が困難になっていると考
えられる。

MSE60000系の登場

MSEは日本初の地下鉄の乗り入れが可能な有料
特急車(ロマンスカー)である。平日は朝夕の定員制
通勤特急、土休日は地下鉄千代田線沿線から箱根方
面、小田急沿線から東京湾岸方面(新木場)への特急
に使用され、御殿場線乗り入れにも対応している。
MSEは多様な運行ができることからMulti Super
Expressの略である。

2008年3月から運転開始され、2012年3月から
はRSE20000系に代わり「あさぎり」として御殿場
線へ乗り入れ、2015年までに42両(6両編成5本、
4両編成3本)が登場した。塗色は青系統でフェル
メールブルーに窓下にバーミリオンオレンジと白の
線が入っている。流線形先頭車クハ60050形には非
常扉がある。

GSE70000系の登場

2018年3月17日、代々木上原－登戸間複々線化
完成に伴うダイヤ改正が行われ、同日を期して深
紅のロマンスカーGSE70000系が運転開始した。
GSEはGraceful Super Expressの略でGracefulは
「優雅」の意味である。前面展望室があり、運転席
は2階であるがホームドア設置の関係で連接構造で
はなく20m車で、箱根登山線内の有効長に対応した
7両編成(140m)とした。塗色は「真紅」でローズ
バーミリオン主体にバーミリオンオレンジの細帯が
入る。運転開始当初は1編成でLSE7000系第4編
成(7004～7804)と「共演」し、それを撮影するファ
ンが沿線に集まった。同年7月12日にはGSE第2編
成が登場し、7月10日限りで最後のLSEは定期運行
を終了した。

代々木上原－登戸間の複々線化

小田急の複々線化は長年の懸案だった。地下鉄
との直通の項で述べたように1964年に代々木上原
－喜多見間の複々線化が決まっていたが1972年に
は新百合ヶ丘まで複々線化し多摩線と直通すること

が決まった。1960年代から向ヶ丘遊園－新宿間で
朝ラッシュ時の上り急行、準急と各停が平行ダイヤ
になり、町田－新宿間急行は昼間時35分に対し朝は
約50分を要し乗客のイライラは募るばかりだった。
代々木上原－東北沢間は1978年3月に複々線に
なったが短距離であり、東北沢以遠の高架複々線化
は用地買収の困難や下北沢付近の工事方法が決まら
ないことから長期間を要した。高架複々線は喜多見
－和泉多摩川間が先に完成し1997年6月にダイヤ
改正を行った。次いで梅ヶ丘－喜多見間は2004年
11月21日から使用開始され12月11日にダイヤ改正
を行った。2008年11月30日には多摩川橋梁(和泉
多摩川－登戸間)の架け替え工事が完成し複々線化
され、2009年3月14日には向ヶ丘遊園－登戸間3
線化(上り2線、下り1線)に伴うダイヤ改正が行わ
れた。

下北沢付近は建物が密集し、井の頭線との立体交
差のため高架化は困難で東北沢－梅ヶ丘間は地下化
することになり、上下2層(上層に各停線、下層に急
行線)となって2013年3月23日に下層部の急行線の
使用を開始し地下化され、東北沢、世田谷代田は急
行線内に仮設ホームを設置した。2018年2月28日
には登戸駅下りホームが2線となって登戸まで複々
線になり、3月3日には東北沢－梅ヶ丘間の各停線
が使用開始された。3月17日には代々木上原－登
戸間複々線化完成に伴うダイヤ改正が行われ大幅増
発、スピードアップが行われ、特急の新宿－小田原
間が土休日には最短59分となり長年の夢であった新
宿－小田原間60分が実現した。登戸－新百合ヶ丘間
の複々線化が次の課題である。

小田急のCM

最後に小田急のCM(コマーシャルソング)につい
ては触れたい。10年ほど前からテレビCMで流れて
いた「ロマンスをもう一度」をご記憶の方も多いと
思うが、画面は箱根の風景と温泉で電車はでてこな
い。歌詞にも電車はない。だが1960年代にはラジ
オで「はやいなピポーの電車」で始まる小田急の
CMが流れていた。曲中では箱根を行く船、バス、ロー
プウエイが歌い込まれ「小田急小田急ピポピポー」
が繰り返される。なかなか楽しい曲で「小田急ピポー
の電車」で検索すればYoutubeで聴くことができる。
作詞作曲は三木鶏郎(1914～1994)で「僕は特急
の機関士で」(NHKラジオ「日曜娯楽版」で放送)が
有名である。

新宿、南新宿、参宮橋
1970（昭和45）年

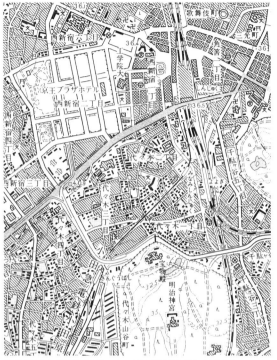

建設省国土地理院発行1/25,000地形図「東京西部」

下北沢、世田谷代田、梅ヶ丘
1968（昭和43）年

建設省国土地理院発行1/25,000地形図「東京西南部」

祖師ヶ谷大蔵、成城学園前
1970（昭和45）年

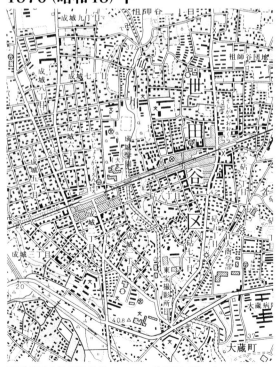

建設省国土地理院発行1/25,000地形図「溝口」

和泉多摩川、登戸、向ヶ丘遊園
1970（昭和45）年

建設省国土地理院発行1/25,000地形図「溝口」

百合ヶ丘、新百合ヶ丘（開業前）
1970（昭和45）年

建設省国土地理院発行1/25,000地形図「溝口」

新原町田、相模大野
1969（昭和44）年

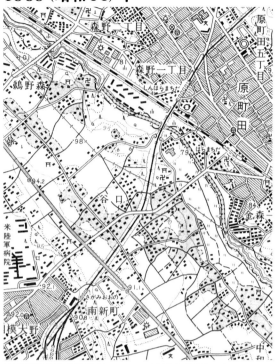

建設省国土地理院発行1/25,000地形図「原町田」

海老名
1970（昭和45）年

建設省国土地理院発行1/25,000地形図「座間」

厚木、本厚木
1970（昭和45）年

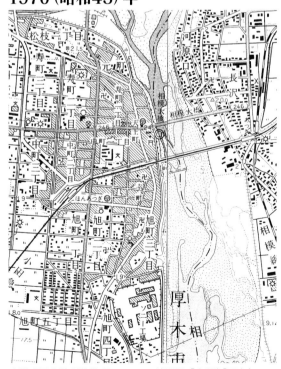

建設省国土地理院発行1/25,000地形図「座間」「厚木」

伊勢原
1970（昭和45）年

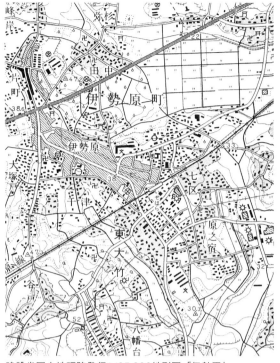

建設省国土地理院発行1/25,000地形図「伊勢原」

大秦野
1969（昭和44）年

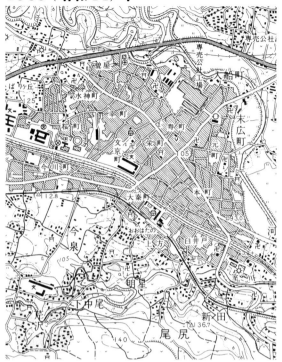

建設省国土地理院発行1/25,000地形図「秦野」

新松田
1969（昭和44）年

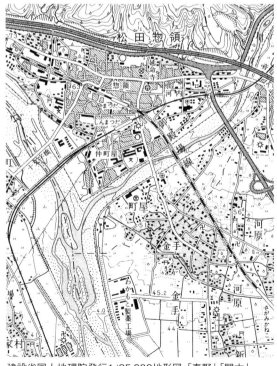

建設省国土地理院発行1/25,000地形図「秦野」「関本」

小田原、箱根板橋
1969（昭和44）年

建設省国土地理院発行1/25,000地形図「小田原北部・南部」

大和
1970（昭和45）年

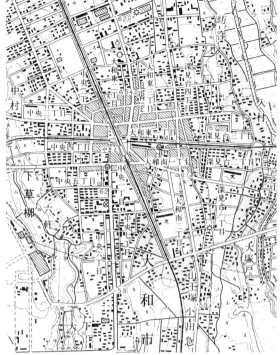

建設省国土地理院発行1/25,000地形図「座間」

長後、湘南台
1968（昭和43）年

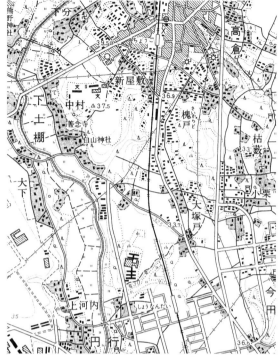

建設省国土地理院発行1/25,000地形図「藤沢」

藤沢本町、藤沢
1968（昭和43）年

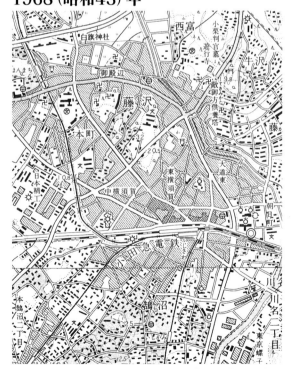

建設省国土地理院発行1/25,000地形図「藤沢」「江の島」

小田急多摩センター（開業前）
1969（昭和44）年

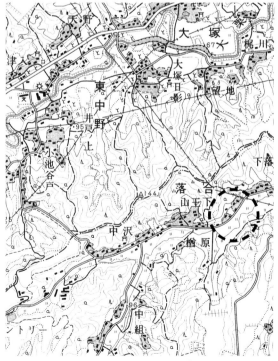

建設省国土地理院発行1/25,000地形図「武蔵府中」

新宿～登戸

撮影前年の11月に開店したばかりの小田急百貨店が入る東京建物新宿ビルディングから小田急新宿駅改良工事と京王新宿駅改良工事が同時に進んでいる新宿駅西口を眺める。どちらの工事も佳境で京王が4月1日に地下化、小田急は1962年に地下ホームが使用開始され地上の工事の真っ只中だ。どちらも完成する前後から駅ビル工事が始まり、小田急側はバラックが並ぶあたりも含めて小田急百貨店本館が入る新宿駅西口本屋ビルと新宿地下鉄ビルディングに、京王部分は京王百貨店新宿店が入る京王帝都新宿ビルができた。
◎新宿　1963（昭和38）年2月9日　撮影：荻原二郎

新宿駅10番ホームに停車中の箱根湯本行き。この2220形はこの年の３月に増備が開始された2200形の４両固定タイプで前面貫通型となった。それとともに直角カルダン方式から平行カルダン方式に変更されている。なおこの年代の定期湯本急行は表定速度が高く、カルダン車である2200形と2220形が限定で使用されていた。
◎新宿　1958（昭和33）年７月20日　撮影：荻原二郎

1955年10月から運転が開始された御殿場線直通の特別準急。当時はまだ御殿場線が非電化であったため、気動車のキハ5000形が用意された。本来であれば小田急としては特急であるのだが、国鉄の括りでは準急となるため、特別準急とされた。この御殿場線直通列車が特急となるのは平成の世に入ってからであった。写真は新宿駅10番ホームで発車を待つ御殿場行き特別準急「銀嶺」。◎新宿　撮影：辻阪昭浩

新宿駅10番ホームで発車を待つ3000形SE車の特急「神山」。この頃の箱根特急は列車ごとに列車愛称名が違っていて、新宿発車順に「あしのこ」「明星」「あしがら」「さがみ」「はつはな」「明神」「はこね」「乙女」「神山」「金時」となっていた。また新宿を出ると小田原まで無停車であった。
◎新宿　1958（昭和33）年12月　撮影：辻阪昭浩

新宿駅にて発車を待つ3000形SE車の運転台は標準的なツーハンドル。このメーターとパイロットランプのあるコンソールパネルの上には防弾ガラスがあった。また運転台奥には補助警笛であるミュージックホーンのテープ再生機が設置されているのがわかる。この補助警笛は当初、高速で走るSE車の接近を知らせるために走行中はずっと流されていた。
◎新宿　1958（昭和33）年12月　撮影：辻阪昭浩

改良工事が進む新宿駅を甲州街道の陸橋から眺める。小田急の改良工事は1960年4月に着工となり、撮影時は地下ホームの掘削工事が進んでいた。また写真左側に隣接する京王の改良工事は1959年に着工し、こちらも地下化工事の真っ只中であった。また左側に建設中のビルは安田生命本社ビル（後の明治安田生命新宿ビル）。
◎新宿　1961（昭和36）年2月4日　撮影：荻原二郎

1964年2月に新宿駅改良工事が完成し、新宿駅は重層の櫛状頭端式7面5線となった。しかし17m車8両編成で設計していたためホームは150mしかなく、車両の大型化と急行10両運転のため完成から8年ほどしか経っていない1972年に南新宿駅を巻き込んだ大改良工事が再度行われ、こちらは1982年3月に完成した。写真は地下の4号線で発車を待つ1400形の各停片瀬江ノ島行。
◎新宿　1967（昭和42）年4月23日　撮影：荻原二郎

新宿駅地上ホームで発車を待つSSE車「あさぎり」。特急ホームは隣接する国電（山手線外回り、中央総武緩行線）ホームからもガラス越しに眺められ、小田急百貨店のショーウインドーに展示されるロマンスカーと言われた。ホームには「連絡急行、ロマンスカー御殿場行あさぎり乗車口」の表示がある。
◎新宿　1981（昭和56）年2月　撮影：山田 亮

新宿住友三角ビル展望台から撮影した新宿駅西口。左から小田急ハルク、小田急百貨店、京王百貨店が並ぶ。右後方には新宿御苑が広がっている。小田急百貨店は建て替えのため2022年10月に閉店した。
◎新宿　1978（昭和53）年４月　撮影：山田 亮

新宿1号踏切と南新宿1号踏切（現・新宿2号踏切）の間にあるR200mの曲線上にあった南新宿駅。駅舎は南新宿1号（現・新宿2号踏切）の脇で向かいには小田急本社ビル（現・小田急南新宿ビル）があり、戦前には小田急本社前駅という名称の時期もあった。しかし1972年から始まった2回目の新宿駅大改良工事で地下と地上を振り分ける分岐器をこの場所に設置することとなり、1973年12月に150m小田原方の現在の位置へ移転された。
◎南新宿　1960（昭和35）年12月18日　撮影：荻原二郎

南新宿駅は1927年4月1日に千駄ヶ谷新田として開設。1937年7月1日に小田急本社前、1942年5月1日に南新宿と改称。新宿駅10両化工事でポイント位置が変わったため、1973年12月に小田原方に150m移転した。
◎南新宿　1974（昭和49）年　撮影：山田虎雄

1963年3月16日から運行が開始された3100形NSE車。需要が高まりSE車のみでは輸送力不足となり、ロマンスカーのさらなる増備のために製造された。単純なSE車の増備ではなく連接11両編成となり、展望車や全車新製時から冷房付きになるなど様々な変化があった。写真はちょうど運行開始すぐの特急「はこね」で、第2編成での運行と思われる。
◎参宮橋
1963（昭和38）年3月
撮影：辻阪昭浩

高架工事中の代々木上原を発車する2400系の各停藤沢行。1978年3月31日から地下鉄千代田線と接続し急行、準急停車駅となった。過去、当駅には引退したJR常磐緩行線の103系1000番代、203系、207系が見られた。
◎代々木上原
撮影：山田虎雄

NSE車の前面展望席から撮影した東北沢で待避する上り2600系新宿行と下り2300系向ヶ丘遊園行。東北沢はホームが対向式で待避線が両側にあり中央2線が通過線。待避駅におけるこの形の線路配置は後に東海道新幹線の中間駅にも採用された。右側の2300系は特急車を3ドア、ロングシート化した車両で4両（2編成2本）の少数派。ホームの先から代々木上原までは複々線化されている。
◎東北沢
1978（昭和53）年4月
撮影：山田 亮

東北沢駅は1927年4月1日開設。待避駅だが中2線が通過線でホームがなかった。この線路配置は東海道新幹線の中間駅でも採用された。◎東北沢　1969（昭和44）年4月　撮影：山田虎雄

下北沢駅の地上線時代はホームは2面2線だが上下線で別々のホームだった。周囲は建物が密集し、井の頭線と立体交差のため高架化もできず複々線化時に地下化された。◎下北沢　1970年代　所蔵：フォト・パブリッシング

1927年4月1日開設。1933年8月1日、帝都電鉄（現・京王井の頭線）が小田急を築堤で乗り越す形で開通し乗換駅となる。長年にわたり複雑な乗換駅として知られていたが、2013年3月23日、代々木上原〜梅ヶ丘間地下化に伴い地下駅となった。小田急、京王間に乗り換え改札がなかったが2019年3月16日から両社の改札が分離された。◎下北沢　1963（昭和38）年12月30日　撮影：荻原二郎

世田谷代田駅を通過する下り回送の2300形。太平洋戦争末期には当時は同じ東京急行電鉄の路線であった井の頭線の代田
２丁目（現・新代田）駅と当駅との間に連絡線が作られた。これは山の手空襲で大規模な被害を受けた井の頭線との車両やり
くりのためで、代田連絡線と呼ばれた。井の頭線の1800形の甲種輸送まで使われ1953年９月に廃止された。写真右側の２
番ホーム裏あたりにある空き地がその痕跡である。
◎世田谷代田　1963（昭和38）年７月21日　撮影：荻原二郎

豪徳寺駅に停車する1100形デハ1104号以下３両編成の各停新宿行き。1100形は開業時登場したモハ1形で東急合併時に
1150形にその後1100形に改番された。豪徳寺駅は駅すぐ近くで東京急行電鉄玉川線（現・東急電鉄世田谷線）が交差してお
り、それを越えるために築堤上にホームがある。撮影当時は玉川線の交差部までホームはなかったが、編成の長大化で徐々
にホームが延びていき10両化のタイミングで世田谷線の上まで達した。
◎豪徳寺　1953（昭和28）年３月８日　撮影：荻原二郎

長らく小田急の拠点駅であった経堂駅を後にした2000形急行新宿行き。写真の2000形は元々1910形2扉セミクロスシート車で1950年に改番された。特急車として活躍し、外観は黄色と青色のツートンカラーで塗られ、中間のT車には便所や喫茶カウンター（走る喫茶室）が設置されていた。1951年の1700形登場で1900形と同様に主に急行運用に就いた。
◎経堂〜豪徳寺　1951（昭和26）年8月5日　撮影：荻原二郎

経堂駅を通過し、東北沢駅へ向かうED1041形牽引の無蓋貨物列車。貨車は7両編成で最後尾には緩急無蓋車が連結されている。昭和40年ごろまで東北沢〜代々木上原間には東北沢駅の砂利側線があり、相模川や酒匂川の砂利が貨物列車で東京コンクリート東北沢工場まで運ばれていた。
◎経堂〜豪徳寺　1958（昭和33）年12月23日　撮影：荻原二郎

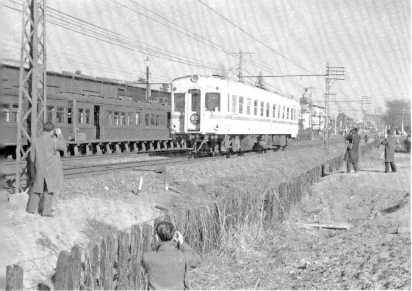

経堂駅は1927年4月1日開設。経堂電車区と経堂工場があり、構内踏切があったが、1960年11月に構内地下通路が開通し改札口も地下になった。写真左に公衆電話ボックスがある。1998年11月に上り線が、2000年6月に下り線が高架化された。
◎経堂
1963（昭和38）年12月30日
撮影：荻原二郎

豪徳寺〜経堂間の経堂検車区脇を走る御殿場行きキハ5100形の直通準急「芙蓉」。直通運転開始当初は青と黄色のツートンカラーであったが、1959年に写真のような国鉄準急色に近い色分けに塗り替えられた。またこちらも列車ごとに違う愛称名が付けられており、新宿発車順にすると「銀嶺」「朝霧」「芙蓉」「長尾」の4列車だった。
◎豪徳寺〜経堂
1960（昭和35）年1月
撮影：辻阪昭浩

経堂検車区にて並ぶクハ1650形と2600形のクハ2650形。クハ1650形は更新工事後の姿で1600形の制御車として使われる。元々は国鉄払い下げの客車の台枠を利用した車両だった。2600形は1964年に登場したばかりの新車で試運転のマークが付いている。また小田急初の20m大型通勤形でNHE車などと呼ばれ輸送力増強に一役買った。
◎経堂検車区
1964（昭和39）年10月
撮影：辻阪昭浩

ED1010形が牽引する東北沢への砂利輸送貨物列車。ED1010形は小田原線開業時から在籍する電気機関車で41tの凸型。小田急では小型電気機関車に分類される。写真のED1011は1968年5月と小田急の電気機関車としては一番早く廃車となり、向ヶ丘遊園内の小田急鉄道資料館で静態保存されていた。
◎千歳船橋〜経堂　1957（昭和32）年7月22日　撮影：荻原二郎

経堂〜千歳船橋間の烏山川にかかる橋を渡る1700形特急「乙女」。車体側面中央にはヤマユリの花をモチーフとした大きなアルミ製マークが設置され、このマークはその後に登場したロマンスカーでも場所は違えど使われていた。その後、1700形は3000形SE車の登場により一般格下げされ、塗色も茶色になり中間にサハ1750形を1両増結して3両編成から4両編成へと変わっている。
◎経堂〜千歳船橋
1955（昭和30）年2月26日
撮影：荻原二郎

2300形の特急「あしがら」が新宿へと急ぐ。2300形は1955年に3000形SE車の計画も進められていたので、その繋ぎとして2200形と同じカルダン車で4両1編成が製造された。あくまで繋ぎのため、4年ほどで2扉セミクロスシートの一般車に改造され、準特急用として使われたが、こちらも4年ほどで種別がなくなった。
◎千歳船橋〜経堂　1957（昭和32）年7月22日　撮影：荻原二郎

デハ1200形とデハ1400形、クハ1450形の旧型車4両編成。左側からデハ1214ーデハ1213ークハ1450ーデハ1400。デハ1200形は1927年の新宿〜小田原間開通時にモハニ101、モハ121形などとして登場、デハ1400形、クハ1450形は1929年の江ノ島線開通時にモハ201、クハ501形などとして登場。1968年まで運行され、主電動機は4000系(初代)に流用された。
◎経堂〜千歳船橋　1959(昭和34)年5月10日　撮影：荻原二郎

成城学園前の駅に到着する1600形先頭の6両編成の通勤急行新宿行き。この時の通勤急行は通常の急行停車駅に登戸と成城学園前が追加されたものだった。また小田急の朝ラッシュは年々酷くなっていき、通勤時間帯には通勤急行や通勤準急などラッシュ時間帯だけの種別を運転してインター区間の本数を増やす工夫をし、2400形などの高性能車は集中的に各停に投入されていた。なお急行の8両化は撮影の1年後の1964年11月に実現した。
◎成城学園前　1963(昭和38)年10月9日　撮影：荻原二郎

成城学園前からの下り勾配をおり、野川を渡り喜多見駅へ到着する1600形先頭の各停向ヶ丘遊園行き。この区間の高低差を作りだしているのは野川に沿ってある国分寺崖線で、これは武蔵野台地を削ってできた河岸段丘であるが、野川にの浸食によるものではなく多摩川によるものだという。当時は成城学園前から下り勾配であったこの区間であるが、成城学園前駅の地下化と喜多見駅高架化により現在は真逆の上り勾配になっている。
◎喜多見　1968（昭和43）年7月6日　撮影：荻原二郎

和泉多摩川に到着する1200形の各停本厚木行き。駅舎は上り2番ホームの小田原方にあり、下り1番ホームへは跨線橋を渡る形であった。ホームの途中でコンクリートタイル張りからアスファルト舗装に変わっており、ホーム延伸箇所が一目でわかる。駅の奥で少し登り坂になった先は多摩川橋梁がある。
◎和泉多摩川　1968（昭和43）年6月2日　撮影：荻原二郎

多摩川橋梁を渡る2200形の急行新宿行き。小田急初の軽量カルダン車として1954年7月に登場した。この形式以降に登場したカルダン車は車体塗色を青と黄色のツートンカラーとした。これはアイボリーに青帯の塗色が登場するまで採用された。
◎和泉多摩川～登戸　1962（昭和37）年6月　撮影：辻阪昭浩

こちらは東京都側から神奈川県側へ多摩川を渡るED1010形1012号機牽引の貨物列車。有蓋貨車2両に砂利用の無蓋貨車が5両連結されている。都心側の貨物扱い駅は東北沢の他に新宿や経堂なども扱っていた。特に経堂がある世田谷区には国鉄線が通っていなかった。
◎和泉多摩川〜登戸　1962（昭和37）年6月　撮影：辻阪昭浩

白昼の小田原線を堂々単行で走るキハ5100形気動車の直通準急。御殿場線への直通運転当初はキハ5000形のみで運転されていたが、予備車としてシートピッチを改善した当形式が登場。その後1959年には1両増備し、運転本数も倍増した。この撮影翌月には御殿場線が電化、3000形SSE車へと置き換えられたキハ5000・5100形は関東鉄道へ譲渡された。
◎和泉多摩川〜登戸
1968（昭和43）年6月2日
撮影：荻原二郎

たくさんのボートが浮かぶ多摩川を渡る3000形8両のSE車。多摩川の貸しボートは多摩水道橋の開通により1952年8月に廃止となった津久井道「登戸の渡し」の船頭たちが貸しボート業に転じていったもののようだ。写真は登戸側の河川敷で多摩川橋梁から上流側の場所で撮影されたようだ。
◎和泉多摩川〜登戸
1962（昭和37）年6月
撮影：辻阪昭浩

東北沢からの空荷になった無蓋貨車を引き連れて西を目指すED1031形。牽引するED1031形は1930年に製造された50t箱型電気機関車。1997年まで在籍し、小田急最後の本線用電気機関車となる。また多摩川橋梁の新宿方には堤防道路との交差部に和泉多摩川2号踏切があった。
◎和泉多摩川〜登戸　1958（昭和33）年4月15日　撮影：荻原二郎

2400形の急行箱根湯本行き。2400形はHE車と呼ばれ4年間で総勢29編成が製造され、通勤形の一時代を築いた。また撮影前年の1961年1月には多摩川堤防にある和泉多摩川2号踏切で2400形（2459×4）が踏切警報無視で侵入したダンプカーと衝突し脱線転覆する事故があったが、無事に復旧工事がなされている。
◎和泉多摩川～登戸　1962（昭和37）年6月　撮影：辻阪昭浩

雪の登戸駅。1927年4月1日、稲田多摩川として開設され南武鉄道（現・JR南武線）との接続駅だった。1955年4月1日に
登戸多摩川に改称、1958年4月1日に登戸と改称。◎登戸　撮影：山田虎雄

稲田多摩川駅として開業した当駅は登戸多摩川駅を経て現在の登戸駅へと2回ほど改称されている。多摩川橋梁からそのま
ま繋がるような形の築堤上にある相対式2面2線。その後、急行10両運転化に伴うホーム延伸で多摩川橋梁のプレートガー
ダー橋部分までホームが延びた。写真は2320形の各停新宿行。
◎登戸　1963（昭和38）年10月9日　撮影：荻原二郎

正月の多摩川を渡るデキ1021牽引の貨物列車。1930年製造の電気機関車で側面の丸窓が特徴で模型ファンに人気があった。1969年に岳南鉄道に譲渡され同社のED280形281となった。
◎登戸　1959（昭和34）年1月2日　撮影：荻原二郎

相対式ホームの登戸を発車する2600系の各停向ヶ丘遊園行。サマーレジャーのマークを付けている。夏の夕方で駅の時計は17時20分を指している。◎登戸　撮影：山田虎雄

向ヶ丘遊園〜町田

向ヶ丘遊園駅は1927年4月1日、稲田登戸として開設。1955年4月1日、向ヶ丘遊園と改称。この駅舎は遊園地側の南口で家族連れ行楽客の姿が見える。撮影の1963年11月24日は日曜で前日の祝日に続く2連休で、週休2日でなかった時代にあっては貴重な連休だった。遊園地帰りの乗客の殺到に備えて臨時出札口（きっぷ売り場）がある。北口にもマンサード形駅舎があり、現在でも健在である。
◎向ヶ丘遊園　1963（昭和38）年11月24日　撮影：荻原二郎

向ヶ丘遊園駅を通過するのは3000形SSEの特急はこね。翌月に電化される御殿場線直通用に使うために編成を組み替え一部の車両には先頭車化改造が行われたものだ。まだ改造直後のため車体が綺麗だ。また当駅では各停が頻繁に折り返すが、今までは当駅止まりの乗降が終わると小田原方の下り本線上で折り返しをし、上りホームに据え付けていたが、昭和30年代に写真右奥に見えるY線が整備された。
◎向ヶ丘遊園　1968（昭和43）年6月8日　撮影：荻原二郎

向ヶ丘遊園駅３番ホームに
停車中の1700形各停 新宿
行き。この各駅停車は新宿
～向ヶ丘遊園間の区間列車
で、小田原線開業時から運転
されている。また当駅を境
に新宿方はサバー区間、小田
原方はインター区間と呼ば
れ、列車本数や駅間距離が
変わる境界点となっている。
写真の1700形は特急車とし
て登場し、3000形SE車登場
後は特急運用から外れ３扉
４両編成に改造され通勤用
として使われた。
◎向ヶ丘遊園
1959（昭和34）年５月３日
撮影：荻原二郎

向ヶ丘遊園駅を通過する
3000形SE車の特急「はつは
な」。新宿駅を12：00ちょう
どに発車した特急「はつはな」
は途中小田原だけに停車し
て箱根湯本を目指す。向ヶ
丘遊園駅に特急が停車する
ようになるのは停車駅別に
列車名が整理された1966年
６月の改正からで向ヶ丘遊園
と新松田に停車する特急「さ
がみ」だった。
◎向ヶ丘遊園
1959（昭和34）年１月25日
撮影：荻原二郎

1800系４両編成の各停新宿
行。1800系は1946 ～ 47
年に運輸省（当時）から国鉄
モハ63形の割り当てを受け
て入線。小田急初の20m、
４ドア車で戦後の輸送難時
代に威力を発揮した。1957
～ 58年に車体が更新され
外板の張替え、窓枠のHゴム
支持化などが行われた。台
車などはモハ63のままであ
る。
◎向ヶ丘遊園
1968（昭和43）年10月18日
撮影：荻原俊夫

1927年の向ヶ丘遊園開園から2ヶ月で運転が開始された豆汽車は戦時中に線路が撤去されるが、1950年3月に復活した。戦後は凸型のバッテリーカーで運転された。途中に信号所があり、2列車運行がなされ交換が可能であったが、1965年にモノレール工事のため廃止された。鉄道車両であるためバッテリーカーの全般検査は晩年は大野工場でなされていたようだ。写真は向ヶ丘遊園の駅前。
◎向ヶ丘遊園
1963（昭和38）年11月24日
撮影：荻原二郎

1966年4月23日、向ヶ丘遊園駅〜向ヶ丘遊園正門間1.1kmにモノレールが開通した。ロッキード形モノレール2両編成でデハ500形と称した。2000年2月に台車の亀裂が発見され運転休止。2001年2月1日付で廃止。向ヶ丘遊園地も2002年3月31日付で閉園となった。
◎向ヶ丘遊園
撮影：山田虎雄

向ヶ丘遊園へは1927年からガソリン機関車が引く豆汽車が運行され、戦後は1950年から蓄電池機関車牽引「豆電車」で復活した。1966年4月23日、豆電車に代わって向ヶ丘遊園駅〜向ヶ丘遊園正門間1.1kmにモノレールが開通した。
◎向ヶ丘遊園正門
撮影：山田虎雄

百合ヶ丘駅は1960年3月25日、百合ヶ丘団地開発に伴い西生田（現・読売ランド前）～柿生間に開設。駅名は神奈川県の花、百合が多く自生していたので百合ヶ丘とされたと思われる。
◎百合丘　1969（昭和44）年　撮影：山田虎雄

9000系と5000系の大形8両編成の急行小田原行。9000系は地下鉄千代田線直通用として1972年に登場し、急行から各停まで幅広く使用され1978年3月からは地下鉄直通運転に使用された。
◎百合ヶ丘～柿生　1973（昭和48）年7月　撮影：山田 亮

SSE車による御殿場行「あさぎり」。1968年7月、御殿場線電化に伴いキハ5000、5100形による新宿〜御殿場間「特別準急」はSSE車による「連絡急行」となり、小田急線内は特急と同じ扱いであった。（連絡急行の名称は1968年10月から）画面後方に建設中の多摩線高架橋が見える。
◎百合ヶ丘〜柿生　1973（昭和48）年7月　撮影：山田 亮

新百合ヶ丘駅は1974年6月1日、多摩線開通時に百合ヶ丘〜柿生間の線路を移設して開設。乗り換え駅のため当初から急行が停車したが乗降は少なかった。この付近の地名は万福寺といったが駅名にはならず、区名の麻生も「あさお」と、読みづらいことから駅名は新百合ヶ丘とされたらしい。
◎新百合ヶ丘　撮影：山田虎雄

2320形デハ2325を先頭にした中形6両編成の急行新宿行。中形車2200、2220、2300、2320形の2両固定編成を3編成つなげた6両編成はファンの間では「ブツロク」と呼ばれ人気があった。先頭の2320形は1959年に2ドア、一部クロスシート、4両固定編成で登場し、準特急、週末急行などに使用されたが1963年に3ドア、ロングシート化され2両固定編成となった。窓配置に特徴がある。
◎柿生〜百合ヶ丘
1973（昭和48）年7月
撮影：山田 亮

中形6両編成の急行新宿行（後追い撮影）。最後部は2200系デハ2206。2200系は1954年に登場した小田急初の高性能車（カルダン式駆動）で正面2枚窓が特徴。写真後方左側に建設中の多摩線高架が見える。
◎百合ヶ丘〜柿生
1973（昭和48）年7月
撮影：山田 亮

1800系4両の各停新宿行。国鉄モハ63の車体を更新した1800系は20m4ドアの大型車でラッシュ時に威力を発揮した。4000系（初代）登場後は同じ釣り掛式駆動のため4000系と連結して運行されたが、1973年春に連続脱線事故が発生し、4000系との併結運転は中止され、1800系だけで運行されるようになった。1979〜81年に廃車され、全車が秩父鉄道に譲渡された。
◎柿生〜百合ヶ丘
1973（昭和48）年7月
撮影：山田 亮

1960年３月の百合ヶ丘駅開業まで西生田（読売ランド前）駅の次は柿生だった。当時の柿生駅は２面４線の待避可能な停車場であったが、1974年の新百合ヶ丘駅開業とその後のホーム10両化のために待避線は廃止され、分岐器などがあったところまでホームが延伸された。現在でも待避線の名残を見ることができる。また上りの待避線は鶴川に移っている。
◎柿生
1963（昭和38）年11月24日
撮影：荻原二郎

柿生を通過する中形８両編成の急行箱根湯本、片瀬江ノ島行。前４両が2400系の箱根湯本行、後（手前側）４両が2220系の片瀬江ノ島行で相模大野で分割、併合した。最後部は2220系のデハ2223。2220系は高性能車2200系の増備車で、1958年に４両固定編成、前面貫通型で登場したが、後に中間車に運転台を取り付け２両固定編成となった。
◎柿生　1970（昭和45）年12月　撮影：山田 亮

柿生駅は1927年4月1日開設。開設当時はこの付近は柿生村で柿の産地だった。現在は大規模進学校として知られる桐蔭学園中学高校へのバスが駅前から発着し、朝夕は通学生でにぎわう。
◎柿生　撮影：山田虎雄

小田急は鶴川を過ぎると丘陵地帯を横断する。車窓に和光大学が見え、やがて玉川大学の構内にさしかかるSSE車の特急「はこね」。SSE車はNSEの代走として「はこね」に使用されることもあった。この先で境塚トンネル（231m）に突入する。
◎鶴川〜玉川学園前　1973（昭和48）年３月　撮影：山田 亮

玉川学園の構内を走る1800系２両と4000系３両を併結した各停相模大野行。先頭はクハ1850形1857。1800系は敗戦直後の輸送難に対処するため1946〜47年に国鉄（当時は運輸省鉄道総局）モハ63系の割当を受けて入線、1957〜58年に車体が更新された。1968年から同じく釣り掛駆動の4000系と併結運転がはじまったが、撮影直後の1973年春に脱線事故が起こり併結運転は中止された。
◎鶴川〜玉川学園前　1973（昭和48）年３月　撮影：山田 亮

玉川大学の下を潜り抜ける境塚トンネル（231ｍ）をでる2400系と5000系を併結した上り急行新宿行。境塚トンネルは単線トンネルが２本並列している。この付近は玉川学園の構内で緑があふれている。
◎玉川学園前～鶴川　1973（昭和48）年３月　撮影：山田 亮

1954年に登場した小田急初の高性能車2200系を先頭にした中形６両編成の各停相模大野行。先頭はデハ2212で正面２枚窓が特徴。ここは玉川大学の構内で桜が満開である。
◎鶴川～玉川学園前　1974（昭和49）年４月　撮影：山田 亮

4000系（初代）3両の各停新宿行。4000系は旧型車の主電動機を流用した釣り掛駆動車で1966年から登場。車体は2600系と同じで、台車のディスクブレーキが特徴。主として各停に使用されたがラッシュ時には急行、準急にも使用された。
◎玉川学園前～鶴川　1973（昭和48）年3月　撮影：山田 亮

玉川学園前を通過する荷物電車デニ1300形の3両編成。旧形車デハ1300、1400形を1959～60年に車体更新しドア幅1500mmとした車両で当時は旅客用だった。1969年にデニ1300形となり新聞輸送に使用された。ホームの時計は13時15分を指している。相模大野から新宿へ向かい、新聞夕刊を積んで14時頃折り返した。塗色はエビ茶色だった。
◎玉川学園前　1973（昭和48）年3月　撮影：山田 亮

2600系の準急本厚木行。先頭はクハ2851で2600系のトップナンバー編成。2600系は1964年に登場した大型（20m）４ドア車でNHE車と呼ばれた。中間の電動車（デハ）は３両一組で２台の制御器で３両の主電動機を制御する。登場時は５両固定編成で1967年から６両固定編成になった。登場からしばらくは各停、準急、通勤急行に使われたが後に急行にも使用。後に一部が８両編成化され、2004年までに全車が廃車。
◎鶴川～玉川学園前　1974（昭和49）年４月　撮影：山田 亮

玉川学園の下をくぐる境塚トンネル（231ｍ）を抜けて新宿へ向かうNSE車「はこね」。先頭の展望室には空席も見える。当時は特急券発売が台帳管理および主要駅への事前割当による手作業発売だったが申込書に「展望席希望」の欄があった。1979年２月から特急券発売が電算化された。NSE車の屋根上は冷房機が設置される前でスッキリしている。
◎玉川学園前～鶴川　1973（昭和48）年３月　撮影：山田 亮

新原町田駅に停車する1300形３両編成の各停小田原行き。前２両は更新修繕車で片運転台片開き２扉車。最後尾の３両目は更新改造車で両運転台の1.5m両開き２扉車となっている。まだ小田急百貨店町田店の入る駅ビル工事着工前で、空が広かった頃の新原町田駅である。1976年４月に町田駅へ改称されている。
◎新原町田　1963（昭和38）年６月２日　撮影：荻原二郎

1956年に新原町田駅に停車する1600形の各停小田原行き。前のページとほぼ同じ構図であるが撮影年が７年違うだけでこれだけ雰囲気が変わるものだ。この頃は新原町田クラスの駅でも構内踏切で新宿方にあった。また１番ホームの奥は貨物側線があった。奥に見える玉川学園前８号踏切は現在と位置が変わっていないので比較してみるのも面白い。
◎新原町田　1956（昭和31）年３月25日　撮影：荻原二郎

新原町田駅下りホームでNSE「はこね」が通過中。1967年から「えのしま」「あしがら」が新原町田に停車し沿線利用者に開放された。駅ビル建設工事中で1976年９月に完成し、小田急百貨店が入り現在に至っている。（着工は1971年）。
◎新原町田
1970年代前半
撮影：山田虎雄

小田急の現在の町田駅は1927年4月1日開設。すでに国鉄横浜線原町田駅があったが、市街地であり用地取得が困難なため
約700m離れた地点に設置され新原町田駅とした。1976年4月11日に町田と改称され、名実ともに東京都町田市の代表駅
になり、同年9月には小田急百貨店町田店の入る駅ビルがオープン。1980年4月1日には国鉄（JR）原町田駅が移転し町田
と改称され、小田急とはペデストリアンデッキで結ばれた。
◎新原町田　1963（昭和38）年11月10日　撮影：荻原二郎

駅ビル工事中の新原町田駅。もともと2面2線の待避駅だったが工事中は2線だけで待避ができなかった。上りの急行新宿
行が停車中。右に見える久美堂は古くからある町田の大規模書店で、現在は玉川学園前、伊勢原や愛川町などにも店舗がある。
◎新原町田　1970年代前半　撮影：山田虎雄

相模大野〜厚木

小田原線と江ノ島線の分岐点相模大野は1929年4月1日に大野信号所として開設。1938年4月1日、通信学校として駅に昇格。1941年1月1日、防諜上の理由で相模大野と改称。ホームは2面4線で急行停車駅だが当時は跨線橋はなく構内踏切があった。駅には土地の広告があり、駅前には不動産業者の案内所がある。この頃から一面の畑（原っぱ）に雑木林が点在していた相模原台地の宅地化が始まった。
◎相模大野　1963（昭和38）年9月29日　撮影：荻原二郎

荷物電車デニ1101。小田急開業時の近郊区間用3ドア車デハ1100形1101（小田急開通時はモハ1形）が1958年に荷物電車に改造されてデニ1101となった。1976年に廃車。熊本電気鉄道に譲渡された同形車が登場時の姿に復元され海老名のロマンスカーミュージアムに保存展示されている。
◎相模大野　1968（昭和43）年10月18日　撮影：荻原俊夫

小田急相模原～相模大野間を新宿に向けて走るキハ5100形直通準急「銀嶺」。右に見えるのは日本住宅公団の相模大野駅団地で入居が始まってまだそんなに経っていない時期だ。これを皮切りに開発が始まり、北口にあった広大な米陸軍医療センターが返還され開発がなされると駅周辺が一気に発展していった。
◎相模大野　1960（昭和35）年1月　撮影：辻阪昭浩

相模大野へ到着する2600系の急行新宿行。2600系は1964～68年に製造。5両編成で登場したが1967年から順次6両化された。登場後しばらくは主として各停に使用され、ラッシュ時の準急、急行にも使用された。写真左側に大野検車区と大野工場がある。江ノ島線が立体交差で小田原線を乗り越え相模大野で合流し、開通当初から高速運転を指向した。
◎相模大野　1968（昭和43）年10月18日　撮影：荻原俊夫

相模大野駅を新宿方へ発車するデニ1001形。奥に見える陸橋は国道16号線で、戦中に重戦車などを輸送するために八王子道に近いところに新たに作られた道だ。撮影から暫くして2車線だった国道の4車線化工事が始まり、1980年には現在の谷口陸橋が完成している。1990年代の駅改良工事の際は、写真奥側の区間が掘り下げられ、Y線などができた。駅は海側に拡幅したため、上りホーム（3番・4番ホーム）の位置自体はさほど変わっていない。当時の下りホームは現在の通過線（3番・4番線）に相当する位置にあった。
◎相模大野
1971（昭和46）年7月6日
撮影：荻原二郎

大野検車区51番線に留置される2400形。奥には立体交差で小田原線を跨ぐ江ノ島線が見える。2400形は車体を大型化すべく開発され、当時各停駅は1両17.5m 4両編成分70mしかなかったため、その70mに収めるため先頭車15400mm、中間車18800mmという車体長が異なる4両編成の変わったスタイルで落成した。
◎大野検車区　1960（昭和35）年1月　撮影：辻阪昭浩

相模大野～小田急相模原間の大野検車区脇を走る3000形SE車の特急「はつはな」。左手の団地は日本住宅公団の相模大野駅住宅。3000形SE車は新宿～小田原を60分で結ぶ構想から生まれ、車両愛称は"Super Express Car"で略してSE車と呼ばれる。開発には国鉄技術研究所に協力も仰ぎ、国鉄線でも試験が行われた。151系や新幹線用旅客電車の祖の一つと言われている。
◎相模大野～小田急相模原
1960（昭和35）年1月
撮影：辻阪昭浩

相模大野を発車する中形6両編成の各停本厚木行。最後部は2300系デハ2301。2300系は1955年に1700系特急車の増備として高性能4両固定編成で登場。SE車の登場で1959年、両開き2ドア、一部クロスシートに改造され準特急などに使用された。1963年に前面貫通化、3ドア、ロングシート化され、2両固定編成が2本となった。1形式4両の少数派で窓の形状に特急車時代の面影が残る。
◎相模大野　1981（昭和56）年4月　撮影：山田 亮

大野検車区52番線に留置される1700形。この場所には1962年に大野工場が右手に広がるようにできるが、まだ線路などは敷かれていない未整地状態になっている。1700形は3000形SE車の登場で一般形に格下げ改造がなされ4両編成になったが、この写真では編成を半分にした状態で留置されている。
◎大野検車区　1960（昭和35）年1月　撮影：辻阪昭浩

江ノ島線の上下線に挟まれた場所にある大野検車区に留置されている2200形。この場所の辺りは留置される車両が変わっただけで、現在とさほど変わらない配線になっている。軽量カルダン車の2200形が2連2本の4両で留置されている。
◎大野検車区　1960（昭和35）年1月　撮影：辻阪昭浩

江ノ島線上り本線との交差部分に留置される
2400形。この2400形の前面デザインは車体幅
や裾絞りなどは違えど、2灯ライトや貫通扉に
ある縦型行き先方向幕などこの後、5000形まで
続く小田急の基本的な前面形状であった。
◎大野検車区
1960（昭和35）年1月
撮影：辻阪昭浩

1962年10月に経堂工場と相武台工場を統
合する形で開設された大野工場には相武台
工場で入換機として使われていた凸型電気
機関車のED1051形もやってきた。1950
年日立製作所製で元々は足柄駅から延びる
専売公社小田原工場専用線で使われていた
機関車だったが、1959年に小田急が購入
した。構内車両移動機「エコサポート21」
の登場まで大野工場の入換機として活躍
し、2003年に廃車となった。
◎大野工場
1963（昭和38）年11月10日
撮影：荻原二郎

相武台前を発車する1400形の各停新原町田行き。当駅の海側には1962年に大野工場へ移転するまで相武台工場があり、主に電気機関車や貨車の検修を行なっていた。工場移転後は工場の解体や配線整理がなされ電留線に改められて、引き続き電気機関車や貨車が留置されていた。
◎相武台前　1968（昭和43）年３月17日　撮影：荻原二郎

橋上化される前の相武台前駅。堂々とした造りで陸軍士官学校の最寄り駅にふさわしい。駅舎は軍施設があったため、開通時からこの建物であった。高級軍人の往来のため貴賓室があった。
◎相武台前　撮影：山田虎雄

２面４線の相武台前を通過するNSE「はこね」と2220系の各停新宿行。相武台はこの地に移転した陸軍士官学校を昭和天皇が行幸した際に与えた呼称。◎相武台前　撮影：山田虎雄

座間駅に到着する1400形の各停小田原行き。1400形は1929年の江ノ島線開業時に増備された車両。相武台前を出ると座間丘陵の縁を沿うようにして座間駅へ下ってくる。写真右側に見える団地は小田急の社宅である小田急電鉄座間アパート。
◎座間　1966（昭和41）年2月11日　撮影：荻原二郎

座間駅は1927年7月28日に新座間として開設。1937年7月1日に座間遊園に、1941年10月15日に座間と改称。1978年4月から橋上駅舎化された。写真はデニ1300形の荷電が通過している様子。
◎座間　撮影：山田虎雄。

座間に到着する5000系4両の各停新宿行。JR相模線入谷駅はここから坂を下って徒歩約20分の距離である。
◎座間　撮影：山田虎雄

橋上化工事中の座間駅。1978年に橋上
駅となり自由通路が開通。
◎座間
1976（昭和51）年頃
撮影：山田虎雄

橋上駅舎化された座間駅。2400系4両の「箱根急行」新宿行が通過している。座間は戦時中相模原市と合併したが、戦後ま
た分離し現在は座間市となっている。
◎座間　撮影：山田虎雄

海老名の旧駅舎。相鉄、小田急の共同使用駅だが出改札業務は相鉄が担当した。相鉄、小田急の乗り換えは構内踏切で連絡したが1970年に跨線橋ができた。1973年12月から小田原方に約300m移転し、駅舎も橋上化され改札も分離された。
◎海老名　1970（昭和45）年12月　撮影：山田 亮

1973年12月に移設された海老名駅東口。駅前には更地が広がっていた。右に見えるのは相模鉄道のホームである。現在は
JR東日本埼京線のE233系7000番代も姿を見せ、小田急に乗り入れる常磐緩行線E233系2000番代と顔を合わせる可能性が
ある。◎海老名　1973（昭和48）年12月　撮影：山田虎雄

神中鉄道（現・相模鉄道）の駅として1941年11月25日設置。1943年4月1日、小田急（当時は東急）は海老名国分駅（1927
年4月1日、小田急開通時に設置）を廃止し、神中鉄道海老名駅の位置に海老名駅を設置。それ以降約30年にわたり田んぼ
の中にある小田急、相鉄の乗り換え駅だった。1973年12月、小田原方に約300m移転し、小田急の駅舎は橋上化され改札も
分離された。◎海老名　1986（昭和61）年9月23日　撮影：荻原二郎

海老名を通過するデニ1300形2両の下り荷電。まだホームに点字ブロックは設置されていなかった。
◎海老名　　撮影：山田虎雄

オレンジイエローとダークブルーの旧塗装1700系4両編成の各停新宿行。当時の海老名駅は田んぼの中にあり相模鉄道（相鉄）のホームと小田急のホームが並び、跨線橋はなく相鉄との乗換えは構内踏切を横断した。1700系は1951年に登場した特急車で当初は3両編成。1957年、SE車登場で3ドア、ロングシート化され、4両固定編成となった。写真のデハ1705先頭の編成は1952年に正面2枚窓で登場したが、後に正面が貫通型に改造された。
◎海老名　1968（昭和43）年8月　撮影：山田　亮

海老名を通過する2400系の急行
新宿行。写真右側は相鉄6000
系。1970年当時は相鉄かしわ台
車両基地〜海老名間が単線だっ
た。海老名駅の背後には海老名
車両基地予定地の空き地が広が
り、右側には相鉄貨物線があり
貨物列車が向かってくるのが遠
望できる。写真後方に海老名駅
が見える。1972年12月から小
田急の急行が終日海老名に停車
し、翌1973年12月に駅舎が小田
原方に約300m移動した。
◎海老名
1970（昭和45）年12月
撮影：山田 亮

雪の海老名に到着する2600系（旧塗装）の各停相模大野行。移転前の海老名駅は周囲に何もなく吹きさらしで冬は寒かった。
◎海老名　1970（昭和45）年頃　撮影：山田虎雄

海老名到着の2200系先頭の中形車6両
の各停新宿行。海老名駅新ホームと小田
急車両基地の建設が進んでいる。相鉄
ホーム先端と小田急下りホームの間には
連絡通路があった。左は相鉄6000系ク
ハ6500形。
◎海老名
1972（昭和47）年頃
撮影：山田虎雄

味覚号のマークを付けた9000系6両の急行小田原行。秋の休日に運転され、座間に臨時停車した。
◎海老名　撮影：山田虎雄

1941年に神中鉄道（相模鉄道）との乗り入れのために海老名国分駅から大幅に小田原方へ移転して開設された海老名駅。当時は相対式2面2線で相模鉄道は島式1面2線だった。直通運転中止後しばらくはこの位置で営業していたが、海老名検車区開設後の1973年に再び小田原方に移転し現在の駅位置に定まった。
◎海老名
1967（昭和42）年7月30日
撮影：荻原二郎

海老名駅手前で顔を並べる小田急2400形と相模鉄道6000系。相模鉄道の本厚木乗り入れは駅の小田原方で合流していた。戦中〜終戦直後にかけて一時直通運転中止の時期もあったが、戦後は主に朝夕に乗り入れがあり、1日13往復ほど相模鉄道の車両が海老名〜本厚木間で乗り入れていたが1964年に中止された。乗り入れていたのは初期は気動車、戦後は電車であった。
◎海老名
1963（昭和38）年11月10日
撮影：荻原二郎

海老名の小田急ホームから見た相鉄
6000系。1974年頃の撮影で相鉄は若草
色への塗り替えが進む。
◎海老名
1974（昭和49）年頃
撮影：山田虎雄

海老名での相鉄と小田急の接続風景。小田急1800系の本厚木行と相鉄6000系の急行横浜行が並ぶ。小田急1800系は黄色と青色の旧塗装。相鉄と小田急とは構内踏切で連絡したが、後方で跨線橋の設置工事が進む。1970年当時は相鉄ホームの小田原方に小田急下りホームとの連絡通路があった。画面左側に相模線厚木への相鉄貨物線が見える。1973年12月、海老名駅は小田原方に約300m移動した。
◎海老名
1970（昭和45）年1月
撮影：山田 亮

厚木を通過する2400系4両の箱根湯本行。1970年頃の撮影で相模川橋梁の架け替え工事中。新橋梁は1970年11月に完成したが、新橋梁に接続する厚木駅の線路付け替え工事、路盤かさ上げ工事は1971年8月に完成した。
◎厚木　1970（昭和45）年頃　撮影：山田虎雄

相模川橋梁架け替え工事に伴い実施された厚木駅の改良工事。新相模川橋梁への線路付け替え工事と厚木駅の路盤かさ上げ工事も同時に行われ1971年8月に完成した。
◎厚木　1970（昭和45）年頃　撮影：山田虎雄

厚木駅の国鉄相模線との連絡線脇に留置された移動変電車イヘ900形とイヘ910形。手前がイヘ910形911号車で奥がイヘ900形901号車。こちらは変圧設備の載っている無蓋車とセットで連接車となっていた。現在、この場所には小田急電鉄厚木変電所がある。
◎厚木　1963（昭和38）年11月10日　撮影：荻原二郎

相模川橋梁を渡り厚木駅へ到着した1900形。折しも相模川橋梁は架け替え工事の真っ只中で、新しい橋梁は山側に建設された。この撮影から数ヶ月後の7月には上り線、8月には下り線と順に新橋梁へ切り替えられ、それまでの橋梁は役目を終えた。それに伴い橋梁に隣接する当駅も山側に作られた新駅へと移設された。写真右手の駅名標奥ではその工事の様子を見ることができる。
◎厚木　1971（昭和46）年3月20日　撮影：荻原二郎

相模鉄道ED10形電気機関車に牽引されて保土ヶ谷を目指すセメント貨物列車。保土ヶ谷からは国鉄線に入り扇町駅まで走
る。この相模鉄道厚木線の築堤手前にある田んぼは後に在籍車両の増加を見越して建設された海老名検車区になる。現在の
海老名駅の一帯は当時は一面の田んぼであったが、駅移転から徐々に開発がなされ、商業施設や集合住宅が立ち並ぶこの写
真からは想像できない姿となった。
◎厚木～海老名　1966（昭和41）年12月4日　撮影：荻原二郎

本厚木～小田原

本厚木駅北口の光景。愛甲郡厚木町（1955年市制施行で厚木市となる）の中心駅として1927年4月1日に相模厚木として開設。すでに相模川左岸（東側）の高座郡海老名村に相模鉄道（現JR相模線）の厚木駅があったため相模厚木とした。1944年6月に本厚木と改称。丹沢大山自然公園への玄関口で半原、中津渓谷（現在は宮ケ瀬ダムの建設で水没）へ駅前からバスが発着。ゴルフ場の送迎バスも止まっている。本厚木駅付近の連続立体化は1972年12月に着工され1974年12月下り線が、1976年1月に上り線が高架化され1977年3月に連続立体化が完成した。1982年3月には本厚木駅ビル「ミロード」がオープンした。
◎本厚木　1963（昭和38）年11月10日　撮影：荻原二郎

小田急と地下鉄千代田線直通の飾り付け。小田急車両が本厚木〜綾瀬間で準急運転を始めた。同時に代々木上原〜東北沢間の高架複々線が完成した。
◎本厚木
1978（昭和53）年4月
撮影：山田虎雄

高架化工事中の本厚木駅。急行箱根湯本
行がSSE車「あさぎり」を待避。本厚木
駅付近の連続立体化は1977年3月に完
成した。
◎本厚木
1975（昭和50）年頃
撮影：山田虎雄

連接車特有の走行音（ジョイント音）を響かせ、大山、丹沢のふもとを箱根に向かって走るNSE車。屋根上に冷房機とダクトが設置される前で屋根上がすっきりしている。この区間は直線が続き、特急の高速走行を楽しめる。現在ではこの付近の山側に東海大学病院がある。
◎愛甲石田〜伊勢原　1971（昭和46）年1月　撮影：山田 亮

相模平野を疾走する2600系。本厚木を
発車すると相模平野に入り大山、丹沢山
塊が車窓に広がる。本厚木〜新松田間は
急行も各駅に止まるが、駅間距離が長く
高速で走る。
◎愛甲石田〜伊勢原
1971 (昭和46) 年1月
撮影：山田 亮

愛甲石田駅は1927年4月1日開設し、1987年に橋上駅舎化され南北自由通路も設置された。駅の所在地は厚木市であるが、
ホームの外れは伊勢原市である。
◎愛甲石田　1988 (昭和63) 年　撮影：山田虎雄

写真は1967年に橋上駅舎化される前の伊勢原駅で構内踏切がある。「大山ケーブルカー7月11日開通」の立て看板が見える。大山ケーブルは1931年に大山鋼索鉄道として開通し1944年に撤去。戦後の1965年7月11日から小田急グループの大山観光電鉄として復活。2015年5月から運休して線路交換と設備更新工事を行い同年10月から新車両で運転再開。
◎伊勢原　1965（昭和40）年7月11日　撮影：山田虎雄

相模大山阿夫利神社の参拝下車駅として有名な伊勢原。この伊勢原から平塚までは平坦な地形で昔から人や物の交通は盛んであった。明治中期には相陽鉄道が平塚〜伊勢原〜厚木間の路線免許を得たが実現しなかった。また相陽鉄道は伊勢原〜大山間の免許も受けていた。
◎伊勢原　撮影：山田虎雄

伊勢原駅は1927年4月1日開設。大山阿夫利神社への下車駅で駅前に大鳥居がある。1967年に橋上化された。駅前から大山ケーブルへの神奈川中央交通バスが発着。阿夫利神社下社は大山ケーブル終点にある。
◎伊勢原　1968（昭和43）年9月22日
撮影：荻原二郎

5000系６両の急行小田原行。1977年10月の急行10両編成化（新宿〜本厚木間）に伴い、1978年に5000系６両固定編成が登場し、5200系と呼ばれることもあった。先頭のクハ5555はいわゆる「ゾロ目」で同時期に2200系のデハ2222が存在し話題になった。現在でも1000系のデハ1111が「ゾロ目」として存在する
◎伊勢原〜鶴巻温泉　1981（昭和56）年２月　撮影：山田 亮。

9000系６両編成の急行新宿行。1980年時点では新宿〜小田原間の急行は主として20m車（5000系、9000系）の６両編成だった。◎鶴巻温泉〜伊勢原　1981（昭和56）年２月　撮影：山田 亮

5000系6両編成の小田原発新宿行急行。1977年から大形20m車の10両運転が新宿～本厚木間で開始され、10両編成を増やすため1978年から5000系6両固定編成（5200系と呼ばれる）が登場した。写真右側に鶴巻温泉病院、写真後方に鶴巻温泉駅が見える。
◎鶴巻温泉～伊勢原　1981（昭和56）年2月　撮影：山田 亮

2400系4両の箱根湯本発新宿行急行。HE車（ハイエコノミカルカー）と呼ばれる2400系は1959年に登場し、MT半々の編成で経済性を狙い、クハは16m、中間のデハは19.5mとしてドア位置を従来の17m車4両とあわせた。急行から各停まで使用されたが「箱根急行」は4両のため小田急線内は混雑した。1982年7月の箱根登山線への大形6両編成乗り入れまで2400系は箱根湯本直通急行に使用された。
◎鶴巻温泉～伊勢原　1981（昭和56）年2月　撮影：山田 亮

マンサード（牧舎）形の大秦野（おおはたの）駅舎。1927年4月1日開設。すでに開通していた湘南軌道の秦野と区別するため大秦野とした。急行停車駅で改札口に発車時刻が下り16時36分、上り16時34分と表示されている。秦野は葉タバコの産地で、葉タバコ輸送のため湘南軌道（762mmゲージ）が1906年に開通し、秦野の中心部と東海道本線二宮を結んでいた（1935年営業休止）。大秦野は1987年3月9日に地名にあわせて秦野（はだの）と改称された。
◎秦野　1963（昭和38）年6月2日　撮影：荻原二郎

渋沢を発車した電車は第一菖蒲トンネル（492.9m）、第二菖蒲トンネル（60m）を抜けると四十八瀬川に沿ってカーブを繰り返し山間部を通過する。5000系6両編成の小田原行急行を平行する国道246号から撮影。渋沢～新松田間は6.2kmで小田急で駅間距離が一番長い区間である。
◎渋沢～新松田　1981（昭和56）年10月　撮影：山田 亮

渋沢を発車し第一菖蒲トンネルへ向かう4000系（初代）3両編成。4000系は旧形車の主電動機を再利用した釣り掛け式駆動車で、2600系と同様20m4ドアの大形車体で1966～1970年に登場し、1975～76年に1700、1900、2100系の主電動機を流用して一部が5両編成化された。主として各停に使用されたが、高加速、高減速を必要としないラッシュ時の急行、準急にも使用された。
◎渋沢～新松田　1968（昭和43）年9月19日　撮影：荻原俊夫

第一菖蒲トンネルを抜け渋沢駅へ上り勾配の切り通しを抜ける1400形の各停相模大野駅行き。当時この一帯は畑で、上り勾配を駆け上がった先の渋沢駅周辺になると住宅が広がっていた。ちょうど向かいから対向の各停小田原行きが坂を下ってきた。◎新松田〜渋沢　1964（昭和39）年10月　撮影：辻阪昭浩

渋沢駅に向けて上り勾配を登る2400形の急行新宿行き。今、2400形が抜けてきた第一菖蒲トンネルは延長492.9mと小田原線にある4つのトンネルの中で最も長いトンネルだ。このトンネルのある渋沢〜新松田間は小田急で最も長い駅間でもある。◎新松田〜渋沢　1964（昭和39）年10月　撮影：辻阪昭浩

新松田駅を発車し、25‰の勾配を駆け上る1900形３連の急行新宿行き。撮影前年1948年の東急から独立後初の新車となった1900形は中間に国電の戦災復興車をＴ車として組み込んだ３両編成で登場した。また1955年にはちょうどこの付近の山側に小田原線から国鉄御殿場線直通のための松田連絡線が建設された。写真でもわかるように勾配上でかつＲ800ｍのカーブにあるため、分岐器の設置には苦労があったようだ。
◎新松田〜渋沢　1949（昭和24）年11月３日　撮影：荻原二郎

マンサード形の新松田駅舎。1927年4月1日開設。開通時の小田急の駅舎はマンサード形が多く、小田急の特徴だった。国鉄御殿場線松田駅南改札口は道路を挟んで反対側にある。
◎新松田　1963（昭和38）年4月15日　撮影：荻原二郎

小田原に停車中の2400系急行箱根湯本行。左奥に箱根登山鉄道の切り欠きホームがあり100形2両が停車中。小田急ホームは国鉄在来線と新幹線の間にあり、「新宿方面特急ロマンスカー乗り場」の看板があった。
◎小田原
1980（昭和55）年3月
撮影：山田 亮

小田原駅東口。国鉄側の正面口で小田急の切符売り場もあり、小田急乗客も国鉄側の改札から入った。小田急と国鉄の間には中間改札があった。この東口駅舎は関東大震災（1923年）で倒壊した駅舎を復旧し長年使用されたが、2003年3月に新駅舎となり橋上駅になって東西自由通路が開通し、JRと小田急の改札が分離された。小田原は5事業者（JR東日本、JR東海、小田急、箱根登山、伊豆箱根）が入り、同じ構内を使用する事業者が日本で一番多い駅である。
◎小田原
1980（昭和55）年3月
撮影：山田 亮

小田急LSE車を使用した国鉄東海道本線での試運転。国鉄新形特急車開発の一環として、ボギー車と連接車の特性を比較調査するため1982年12月10日から15日まで6日間にわたり大船－熱海間で行われ、LSE第2編成（7002先頭）が使用された。小田急SE車は1957年9月、国鉄電車特急開発の資料を得るため東海道本線で試運転を行い、函南～三島間で当時の狭軌世界最高速度145km/hを記録した。
◎根府川～早川　1982（昭和57）年12月　撮影：山田 進

1982年12月10 〜 15日、国鉄東海道本線で行われた小田急LSE車を使用した試運転電車。当時、国鉄では最高130km /hの新型特急車の開発をすすめており、ボギー車（183系）と連接車（7000系）を比較して開発の資料を得るためだった。試験期間が６日間と長く、昼間に行われたため沿線に多くのファンが集まった。
◎根府川〜早川　1982（昭和57）年12月　撮影：山田 進

箱根登山鉄道

1935年10月1日、小田原～箱根湯本間鉄道線開通に伴い開設。同時に軌道線の箱根板橋～箱根湯本間が廃止された。2018年に新駅舎となる。
◎箱根板橋　1978（昭和53）年1月　撮影：山田虎雄

小田急LSE車と箱根登山鉄道モハ2形112号の交換風景。後方は東海道新幹線の高架線。
◎箱根板橋　撮影：山田虎雄

入生田駅へ到着したモハ1形の2両編成。2006年3月改正までは箱根登山車も小田原駅まで乗り入れを行っていた。この小田原〜箱根湯本は最急勾配40‰で箱根登山鉄道のモハ1形などには緩い勾配に思えるが、小田急車側からすればかなりの勾配線区であった。1067mmと1435mmの2つの軌間で走行するため3線軌条となっており、分岐器はより複雑になっている。◎入生田　1970（昭和45）年8月3日　撮影：荻原二郎

1935年10月1日、小田原〜箱根湯本間鉄道線開通に伴い開設。9000系の急行新宿行が発車する様子。1982年7月から小田原〜箱根湯本間に大形6両編成が乗り入れるようになり、主として5200系6両編成が使用されたが9000系6両編成が入ることもあった。◎入生田　撮影：山田虎雄

入生田駅は1935年10月１日、小田原〜箱根湯本間鉄道線開通に伴い開設。駅前にはシースルーの電話ボックスがあった。当駅には箱根登山鉄道の車庫があり、現在では入生田〜箱根湯本間が３線軌道である。
◎入生田　1978（昭和53）年１月　撮影：山田虎雄

箱根登山鉄道1000形２両編成の強羅行。1000形はベルニナ号の愛称があり1981年に箱根登山鉄道では45年ぶりの新車として登場した。◎入生田　撮影：山田虎雄

3000形特急「はこね」新宿行きは16時ちょうどに箱根湯本を発車する。このSE車が小田原まで走る箱根登山鉄道鉄道線は本来、直流600Vで電化されていたが小田急の乗り入れに伴い小田原〜箱根湯本は直流1500Vに変更された。しかし箱根湯本〜強羅は直流600Vのままのため、箱根湯本駅構内には600Vと1500Vのデッドセクションが設置された他、鋼製車体に更新中だった箱根登山鉄道のモハ1形などは複電圧対応に改造された。
◎箱根湯本　1958（昭和33）年11月　撮影：辻阪昭浩

箱根湯本の駅に到着する2200形の急行箱根湯本行き。終点の箱根湯本はもうすぐだ。この湯本急行は新宿〜箱根湯本間のもので30分ヘッドで運転される。新宿〜小田原は国鉄との競合区間でもあり最高速度100Km/h。カルダン車の限定運用となっており、当時は小田急の急行の方が早かった。
◎箱根湯本　1958（昭和33）年11月　撮影：辻阪昭浩

箱根湯本駅は1919年6月1日、箱根湯本〜強羅間鉄道線開通時に開設された。国府津〜湯本間は軌道線（路面電車）で連絡したが、1935年10月に鉄道線が小田原まで延長された。箱根登山鉄道の電車は急勾配を力強く上りながら今日も「天下の険」に挑んでいる。◎箱根湯本　撮影：山田虎雄

箱根湯本駅に停車する3000形SE車。小田急念願の箱根湯本乗り入れは1950年8月からで、これにより小田急を使用して箱根を訪れる利用客が倍増したという。当時は特徴的なホーム上屋はなく、国道1号線から遮るものがなく列車が見えた。また当時、箱根登山鉄道の車庫は箱根湯本にあった。
◎箱根湯本
1958（昭和33）年11月
撮影：辻阪昭浩

箱根湯本停車中の2400系4両編成の急行新宿行。小田急の箱根登山鉄道箱根湯本乗り入れは1950（昭和25）年8月から開始されたが、2008（平成20）年3月15日改正時から急行の箱根湯本乗り入れは廃止された。
◎箱根湯本　1978（昭和53）年4月　撮影：山田 亮

東林間～片瀬江ノ島

東林間駅は1929年4月1日、東林間都市として開設し、1941年10月15日に東林間に改称された。写真中央に見えるように
江ノ島線の沿線には松が多い。
◎東林間　1969（昭和44）年頃　撮影：山田虎雄

中央林間駅は1929年4月1日、江ノ島線開通時に中央林間都市駅として開設。1941年10月15日に中央林間と改称。閑静な
小駅であった。写真左には公衆電話ボックスと赤い郵便ポストがあり時代を感じさせる。1976年10月15日に東急田園都市
線がつきみ野まで開通すると、中央林間～つきみ野は約1kmのため歩いて乗り換える人が増えてきた。1984年4月9日、
田園都市線が中央林間まで延長され小田急と接続。1990年3月から急行停車駅となる。
◎中央林間　1965（昭和40）年8月9日　撮影：荻原二郎

南林間に停車中の1200形各停片瀬江ノ島行き。林間都市計画の中心として計画された南林間駅一帯は駅を中心として放射状に延びる道路や碁盤状の道が見られるが、宅地化が進んだのは計画が頓挫した後の戦後のことであった。また相武台前駅と共に日産座間工場の最寄駅として通勤需要が高かった。当時は２面４線あったが、90年代初頭に大和駅に待避設備が整備され、90年代半ばの江ノ島線急行10両化の際に分岐器付近までホームを延ばすため相対式２面２線化され、跡地は駅ビルの減築拡幅の際の用地やエレベーター用地、駐輪場となった。同様に２面２線となった柿生駅よりは遺構が多く残っている。
◎南林間　1965（昭和40）年８月９日　撮影：荻原二郎

かつて南林間駅は島式ホーム２面４線の構造であった。現在は相対式ホームで10両長である。
◎南林間　撮影：山田虎雄

待避線があった頃の南林間駅の光景。駅の所在地は大和市南林間である。当初は相模丘と考えられたが、東林間、中央林間との整合性から南林間とされた。以前中心的な駅だった南林間は東急田園都市線の延伸により中央林間に、長後は相鉄いずみ野線と横浜市営地下鉄の延伸により湘南台に地位が奪われた。
◎南林間　1969（昭和44）年　撮影：山田虎雄

鶴間駅は1929年4月1日開設された。各駅停車しか止まらない駅だが、大和市役所や大型商業施設の最寄り駅で乗降人員は
多い。◎鶴間　撮影：山田虎雄

築堤上にあった大和に停車中の1900系4両編成の各停相模大野行。1900系は小田急型としては戦後初の新車で1949年に
3両固定編成で登場し、通勤用3ドア・ロングシート車と特急用2ドア・クロスシート車があった。最後部は元特急車のデ
ハ1910で一時2000形となったが、一般車化に伴い3ドア化され、1910を含む編成は1961～62年に4両固定編成化された。
◎大和　1973（昭和48）年3月　撮影：山田亮

乗り換え駅である大和駅の
ホームは築堤上にあり、交
差する地上を走る相模鉄道
本線のホームの南側にあっ
た。昭和末期から平成初期
に行われた高架化まで2面
2線の相対式ホーム。米軍
厚木基地も近く、商業地か
ら見れば大和市の中心であ
るが、市役所や保健所など
は鶴間にある。写真は停車
中の1800形の各停片瀬江
ノ島行きで更新工事後の姿
である。
◎大和
1960(昭和35)年3月20日
撮影：荻原二郎

大和で交差する小田急
4000系(初代)と相鉄6000
系。小田急4000系は旧型
車(HB車と呼ばれた)の主
電動機を流用した釣り掛
式駆動で1966年に登場。
2600系と同じ車体で台車
のディスクブレーキが特
徴。相鉄6000系は下りホー
ム(海老名方面)に停車中
だが、大和折返しのためすで
に前面行先表示は横浜に変
えられ、海老名方の引上げ
線で折り返す。
◎大和
1970(昭和45)年1月
撮影：山田 亮

大和を発車する2400系の
上り江ノ島線。当時の小田
急大和駅は築堤上で、地上
線の相鉄と交差した。HE
車と呼ばれた2400系は急
行から各停まで幅広く使用
された。小田急一般車両は
1969年春から新塗装(アイ
ボリーホワイトにロイヤル
ブルーの帯)への塗り替え
が始まり約1年で完了した。
手前側に相鉄のホームが見
える。
◎大和
1970(昭和45)年1月
撮影：山田 亮

築堤上にあり相対式ホーム2線だけの大和に到着する5000系4両編成の急行新宿行。1981年時点では新宿〜片瀬江ノ島間の急行はデイタイム毎時2本で相模大野で箱根湯本発着の急行と分割、併合した。大和は相鉄線地下化に伴い、小田急ホームも1994年11月に高架化され2面4線となって追い抜きが可能の待避駅になった。
◎大和
1981（昭和56）年2月
撮影：山田 亮

中形車6両編成の各停藤沢行。最後部は2320系デハ2321。2320系は1959年準特急、週末急行用として2ドア、一部クロスシート、4両固定編成、中間車に便所付きで登場した。1963年に3ドア、ロングシート化され2両固定編成に改造され便所も撤去され、種車の窓配置を一部残した独特の窓配置になった。当時の大和駅は築堤上にあり相対式ホームで待避線はなかった。
◎大和
1981（昭和56）年2月
撮影：山田 亮

1970年当時の小田急大和駅。小田急は築堤で地上線の相鉄と交差していた。駅舎は小田急と相鉄が別々だったが乗換階段で連絡した。築堤上をSSE車の特急「えのしま」が通過し、映画館の広告が時代を感じさせる。相鉄線地下化に伴い、小田急大和駅も1994年11月に高架化されホームも2面4線になった。
◎大和
1970（昭和45）年1月
撮影：山田 亮

大和市の一番南側にある高座渋谷駅に到着した2320形の各停片瀬江ノ島行き。開業時は現在よりも600m相模大野方にあった当駅は、1952年11月に桜ヶ丘駅新設の際に現在の位置へ移設された。また当駅付近で東海道新幹線と交差しており、駅の下には第二大和トンネルが通っている。余談だが、新幹線で一番短い第一大和トンネルは鶴間付近から江ノ島線と一定の間隔で並走するように通っている国道467号線の下を通るトンネルだ。
◎高座渋谷　1965（昭和40）年8月9日　撮影：荻原二郎

撮影直前の1966年11月7日に開業した湘南台駅。開業当初は周囲は荒れ地か畑しかなかった当駅は藤沢市の区画整理事業から生まれた。その後、街は藤沢市北部の中心地として急速に発展していった。特に1999年の横浜市営地下鉄と相模鉄道いずみ野線の開業は影響が大きく、翌年からは急行が停車。それまで藤沢市北部の中心だった長後の影は薄くなっていった。
◎湘南台　1966（昭和41）年12月4日　撮影：荻原二郎

湘南台駅は江ノ島線の長後～六会（現・六会日大前）間に1966年11月7日開設された。付近に造成された工業団地のために設置。開設当時は相対式ホーム2面で駅舎も簡素だったが1974年に橋上駅となった。1999年3月10日、相模鉄道いずみ野線が開通、同年8月29日には横浜市営地下鉄が開通して小田急と接続。同年10月に小田急湘南台駅の改良工事が完成し駅舎が地下化され、東西自由通路も設置された。2000年12月から急行停車駅になった。
◎湘南台　1966（昭和41）年12月4日　撮影：荻原二郎

藤沢本町に侵入する2400形。「えのしま」のマークを付けているが海水浴シーズンにはまだ早いので特急の代走だろうか？江ノ島線は標高約90mの相模大野駅から当駅手前まで相模野台地や高座丘陵をなだらかに下ってきていたが、標高約33mの善行駅～標高約11mの当駅付近にかけてそれが終わり以降は標高10m前後の平地を走っていく。
◎藤沢本町
1965（昭和40）年6月6日
撮影：荻原二郎

146

旧型4両編成の各停江ノ島行。先頭はデハ1200形1212で1927年の小田急開通時に製造された2ドア車。製造時は車内中央がクロスシートであった。高性能車の増加に伴い、主に新原町田―小田原、片瀬江ノ島間のローカル列車に3～4両で使用された。隣の車両との貫通路には幌がなく「非常時以外は通行禁止」の表示があった。1968年秋までに全車廃車され、主電動機が4000系（初代）に流用された。
◎六会　1965（昭和40）年6月6日　撮影：荻原二郎

江ノ島線開通時の1929年４月１日設置。ここでスイッチバックして片瀬江ノ島へ向かう。改札の向こう側には2100系の急行と1800系の各停が停車しているがいずれもチョコレート色である。左の出札口には運賃表があり新宿乗換えの国鉄連絡乗車券を発売していた。1962年当時の藤沢〜新宿間は小田急120円、国鉄150円だが国鉄は「東京電環」行で山手線内ならどこでも同じ運賃だった。当時の国鉄は「汽車区間」の扱いで運転間隔が30分以上開くこともあり小田急の方が便利だった。
◎藤沢　1962（昭和37）年７月20日
撮影：荻原二郎

藤沢駅は1929年４月１日に開設された。小田急は当初、片瀬海岸に直行する案もあったが、国鉄との連絡を考え国鉄藤沢駅に乗り入れすることにした。そのため藤沢駅はスイッチバック駅となった。東武野田線の柏駅や西武池袋線の飯能駅も同様な構造である。◎藤沢　撮影：山田虎雄

鵠沼海岸駅に到着した2200形の急行新宿行き。当駅が急行停車駅になったのは1964年11月のことで翌年に停車駅に追加された大和駅や南林間駅よりも早かったが、ホームが10両化できないことから江ノ島線10両急行が運転を開始した1998年からは10両編成の急行は通過となり、その後2018年に急行停車駅指定から外されてしまった。
◎鵠沼海岸　1970（昭和45）年9月27日　撮影：荻原二郎

境川に架かる弁天橋から駅を見る。行楽
シーズンにはこの橋が人でいっぱいにな
る。昭和30年代高度成長期の好景気で庶
民のレジャーとして海水浴人気が高まっ
た。都心から近距離の湘南海岸には人が
殺到し、小田急は夏季ダイヤを組んで輸
送にあたった。
◎片瀬江ノ島
1969（昭和44）年6月
撮影：山田虎雄

片瀬江ノ島駅で折り返すSSE車の「えのしま」。1975年当時は「えのしま」停車駅は藤沢、新原町田（1976年4月11日に町
田と改称）。藤沢で向きが変わるため、片瀬江ノ島〜藤沢間は座席は進行方向と逆向きになる。
◎片瀬江ノ島　1975（昭和50）年6月　撮影：山田 亮

竜宮城を模したといわれる小田急片瀬江ノ島駅。1929年の江ノ島線開通時に建てられ、長年親しまれていたが「東京2020」
オリンピック、パラリンピックを機に建て替えられ、2020年7月に新駅舎が完成した。竜宮城を模したデザインは継承され
た。◎片瀬江ノ島　1975（昭和50）年６月　撮影：山田 亮

新百合ヶ丘〜唐木田

多摩線の開通看板。多摩線は、多摩ニュータウンへのアクセス鉄道として計画され、京王相模原線とともに都心とニュータウンとを結ぶ動脈となった。◎新百合ヶ丘　1974（昭和49）年6月1日　撮影：山田虎雄

多摩線の案内看板。小田急多摩センターまでは未開業のため二重線が引かれている。
◎新百合ヶ丘　1974（昭和49）年6月1日　撮影：山田虎雄

多摩線開通初日の4000系3両の新百合ヶ丘〜小田急永山間の電車。大きな開通記念のマークが付けられた。新百合ヶ丘を発車した電車は津久井道、麻生川を高架橋で越えて切り通しを走って次の五月台駅に着く。
◎新百合ヶ丘　1974（昭和49）年6月1日　撮影：山田虎雄

多摩線内折返しに使用される中型6両編成。最後部は2220形デハ2233。2220系は高性能車2200系の増備車として1958年に4両固定編成、前面は貫通型で登場。1962年に中間車に運転台を取り付け2両固定編成となり、2400系の増結車として使用。1970年頃から中型車2両固定編成を2〜3本連結して4〜6両で運転されることも多くなった。
◎新百合ヶ丘　1981（昭和56）年4月　撮影：山田 亮

小田急永山で折り返す開通初日の1900系。左側に間もなく開業する京王相模原線のトンネルが見える。
◎小田急永山　1974（昭和49）年6月1日　撮影：山田虎雄

小田急永山で折り返す多摩線開通初日の記念マーク付き電車。開業当初は下り線だけ使用され、上り線ホームは真っ暗である。
◎小田急永山　1974（昭和49）年6月1日　撮影：山田虎雄

小田急多摩線は1974年6月1日に新百合ヶ丘〜小田急永山間が開通し、翌1975年4月23日に小田急多摩センターまで延長
された。開通当初は朝ラッシュ時の上り2本だけが新宿直通で他は線内折返し、車両は主として中型車4両。写真は1900系、
元特急車デハ1910先頭の4両編成。多摩線の唐木田までの開通は1990年3月27日である。
◎小田急永山　1974（昭和49）年4月 撮影：山田 亮

小田急永山で折り返す1900系4両の多摩線各停。多摩線開通に伴い、百合ヶ丘〜柿生間の線路を付け替えて新百合ヶ丘駅が
開設され急行停車駅になった。
◎小田急永山　1974（昭和49）年4月 撮影：山田 亮

多摩線は乗客が少なく1974年10月から
昼間は1900系などの２両編成で運転され
ていた。小田急永山～小田急多摩センター
間は1975年４月23日に開通。写真左奥
は京王多摩センターのホームである。
◎小田急多摩センター
1975（昭和50）年５月
撮影：山田虎雄

小田急多摩センター開設の前年1974年10月18日に京王多摩センターが開設した。京王相模原線は都営地下鉄新宿線へ乗り
入れ、千葉県の本八幡まで直通される。
◎小田急（京王）多摩センター　1990（平成２）年　撮影：山田虎雄